KB263204

나의 첫 금융 공부

나의 첫 금융 공부

코스피부터 기준금리까지,
자본주의에서 살아남는
실전 경제 지식

이완배 지음

경제 뉴스가 들리기 시작하는 똑똑한 금융 수업

북트리거

아는 것에서부터 시작해야 한다

2000년대 초반, 증권 담당 기자였을 때 일이다. 그 당시 나는 재야에서 초단타 매매의 고수로 널리 알려진 사람과 친분을 쌓았는데, 하루는 그가 사무실로 초대했다. 나는 그날 단타 매매의 세계를 목격하고 적잖이 놀랐다.

모니터를 네 대씩이나 켜 놓고 그는 쉴 새 없이 마우스를 클릭했다. 마치 긴박한 상황에 놓인 듯이 번개처럼 주식을 사고파는 모습이 황홀할 지경이었다. 나도 한번 저렇게 투자해 보고 싶다는 욕심이 생겼다. 그래서 조심스레 부탁했다. "저도 선배님처럼 멋지게 매매해 보고 싶어요. 제발 기술 몇 가지만 알려 주세요." 그때 그분이 내게 건넨 말이 아직도 잊히지 않는다. 그는 차가운 표정을 짓더니 이렇게 말했다. "이 기자, 진정한 고수는 남하고 나눠 먹지 않아."

무슨 말인가 싶어 잠깐 멍했을 때 그는 설명을 이어 갔다. "이 기자, 이 바닥에서 기자를 오래 하려면 명심해야 할 게 하나 있어. '이렇게 하면 돈 번다!' 떠들고 다니는 애들 있지? 거들떠보지 마. 전부 사기꾼이야. 돈 버는 자기만의 비법이 있다면, 그걸 왜 남한테 알려 주겠냐고."

망치로 머리를 맞은 것 같았다. 과연 그렇지 않은가? 투자에 성공하는 자기만의 비법을 왜 남과 공유하겠는가? 나는 그 이후 '내 말 잘 들으면 돈 왕창 법니다.'류의 자칭 전문가들은 한 번도 마주한 적이 없다. 그런 헛소리에 귀를 기울일 시간도 아깝다.

이 이야기를 꺼낸 이유는 이 책이 독자 여러분들에게 돈 버는 비법을 알려 주지 않는다는 뜻이다. 나는 일단 그 방법을 모른다. 그리고 설사 내가 그린 비법을 알고 있다 해도 절내로 그걸 남과 공유하지 않을 것이다.

이 책을 쓴 목적은 하나다. 너무 많은 사람이 금융의 기초 지식도 쌓지 않은 채 '나를 따라 하면 돈 왕창 법니다.' 하는 자칭 전문가들 말에 속는다. 심지어 나에게도 "유튜브에서 들었는데 너도 여기에 투자 좀 해 봐."라고 속삭이는 사람이 있다. 내가 보기에 그 사람은 지금 유튜브에서 종목 추천을 들을 게 아니라 금융에 대한 기초 지식을 쌓아야 한다.

내 경험상 투자를 통해 마법처럼 돈을 불리는 방법은 세상 어디에도 없다. 하지만 반대로 신기루같이 순식간에 망하는 법은 있다. 뭔지도 모르면서 남의 말 한두 마디 듣고 소중한 재산을 쏟아부은 뒤 기적이 생겨나길 바라면 반드시 망한다. 단언컨대 그런 기적은 일어나지 않는다.

그래서 우리에게 필요한 것은 공부다. '남들도 다 하는데 주식 투자 한번 해 볼까?' 생각했다면 그 시장에 대한 총체적 이해부터 시작해야 한다. 그리고 자신만의 금융 철학을 정립해야 한다. 『나의 첫 금융 공부』는 총 3부로 구성해 여러분을 돕고자 했다. 1부와 2부는 2024년 《고교독서평설》에 연재했던 글을 바탕으로 다듬었고, 3부는 새로 써서 금융 세계에 입문하는 학생들이 금융의 본질부터 세계경제의 흐름까지 이해할 수 있도록 필요한 내용을 담았다. 3부까지의 내용을 읽다 보면 금융이란 무엇인지 알게 될 뿐 아니라 알쏭달쏭했던 금융 용어들과도 친숙해지리라 기대한다.

'1부: 돈이란 녀석, 대체 뭐길래? — 처음 만나는 금융의 세계'에서는 우리 생활 깊숙이 들어와 있으나 어쩐지 어렴풋했던 금융과 증시의 기본 개념들을 소개한다. 코스피·코스닥지수, 신용점수, 기준금리 등 오늘날 금융 산업을 이해하는 데 반드시 필요한 용어도 자연스레 익히게 될 것이다. '2부: 가자, 투자의 세계로! — 위험한 기회가 공존하는 금융시장'에서는 주식 투자의 진입 장벽을 낮춰 줄 요긴한 내용들을 다루었다. 채권, 선물, 펀드, 공매도 등 증권시장에서 널리 쓰이는 개념들을 배우며 금융시장을 폭넓게 이해하게 될 것이다. 마지막 '3부: 진짜 힘은 누구에게 있을까? ― 시장을 움직이는 보이지 않는 손'에서는 환율, 지주회사, 금투세 등 오늘날 논란이 되는 이야깃거리들을 통해 현재 금융시장 상황을 점검하고 앞으로의 투자 문화가 어떠해야 할지 고민하는 시간을 가진다.

『나의 첫 금융 공부』는 이제 막 경제 원리에 관심을 갖고 금융의 세계에 첫발을 내딛는 독자들을 위한 책이다. 부디 이 책이 여러분에게 좋은 길잡이가 돼 주었으면 한다.

2025년 여름, 안국동에서

이완배

목차

1부: 돈이란 녀석, 대체 뭐길래?   처음 만나는 금융의 세계

1부:
돈이란 녀석, 대체 뭐길래?

처음 만나는 금융의 세계

금융,
그 거대함에 관하여

친구들과 카페에서 밥 먹고 페이앱으로 돈을 나눠 보내거나 부모님의 신용카드로 온라인 쇼핑 결제를 하는 등 우리는 이미 금융의 세계 한가운데서 있다. 그런데 우리가 매일 이용하는 이 금융이라는 것, 도대체 어디서 시작되었고 어떻게 지금처럼 거대해진 걸까?

이 장에서는 금세공인들이 화폐를 보관하던 중세부터 거대 금융기관이 한 나라의 운명을 좌우하는 현대에 이르기까지, 금융의 역사적 진화를 살펴볼 것이다.

금융의 세계는 낯설고 복잡해 보일 수 있다. 하지만 이해하고 나면, 미래를 위한 중요한 무기가 되어 줄 터다. 자, 이제 금융이라는 거대한 세계로의 첫발을 함께 내디뎌 보자.

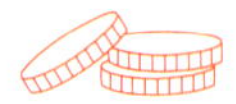

▲ 월스트리트를 점령하라고?

'우리 모두 9월 17일 미국 뉴욕시 맨해튼 남쪽에 벌떼처럼 모여서 텐트와 평화로운 바리케이드를 치고 월스트리트(Wall Street)를 점령하자!' 2011년 7월 13일, 《애드버스터즈》라는 잡지를 출판하는 캐나다의 친환경·반(反)소비 비영리단체 애드버스터즈(Adbusters)가 발표한 성명이다. 다 같이 모여 월스트리트를 점령하자니? 이는 마치 농담 같은 게시글에서 시작했지만, 세계사에 손꼽히는 영향력을 선보인 시위로 이어졌다.

물론 이때만 해도 세계 금융의 중심지라 불리는 월스트리트가 정말로 점령당하리라고는 누구도 생각지 못했다. 하지만 사람들은 트위터(현 X)를 중심으로 애드버스터즈의 메시지를 빠르게 공유했으며, 약속한 그 토요일 밤 맨해튼 남쪽 거리와 공원에 대거 모여 텐트를 치기 시작했다. 텐트에서 주말을 보낸 시위대는 월요일 아침이 밝자 마침내 월스트리트로 진출했고 '월스트리트를 점령하라!(Occupy Wall Street!)'라는 구호를 맨해튼을 넘어 전 세계를 향해 외쳤다.

시위는 걷잡을 수 없는 속도와 규모로 확산했다. 시위대가 머물던 주코티공원에는 전 세계 지지자들이 보낸 원조 물품이 속속 도착했다. 월스트리트 점령 시위에 동조하는 다른 시위도 곳곳에서 열렸다. 보스턴, 워싱턴 D.C., 시카고, 로스앤젤레스, 샌프란시스코, 샌디에이고 등 미국 100여 개 도시에서 시위가 벌어졌고 10월 15일에는 서울, 로마를 비롯한 전 세계 1,500여 개의 도시에서 동조 시위가 일어났다. 시위는 11월 15일 경찰에 의해 해산될 때까지 공식적으로 59일 동안 지속했는데, 세계 곳곳에서는 2012년까지도 시위가 이어지는 모습을 보였다.

이 시위는 금융업, 그 가운데서도 미국의 금융자본을 겨냥한 것이었다. 역사상 그 어떤 시위도 특정 산업을 겨냥해 이렇게 오랜 기간 싸운 적이 없었다. '자동차 산업을 점령하라!'라거나 '반도체 산업을 점령하라!'라는 구호를 들어 본 적 있는가? 그런데 2011년 전 세계 시민은 오로지 '금융업을 점령하라!'라는 구호로 지구를 뜨겁게 달궜다. 도대체 금융업이 무엇이기에 이런 엄청난 저항을 받은 것일까?

▽ 골드스미스가 적어 준 종이쪽지

오늘날 금융업은 세계의 공적(公敵)인 동시에 세계경제를 지탱하는 가장 중요한 산업이다. 하지만 그 시작은 실로 소소했다.

중세시대 화폐는 대부분 금 아니면 은으로 만들었다. 화폐의 양이 늘고 이를 축적한 부자들이 증가하면서 막대한 양의 금화와 은화를 보관하기 힘든 부자들이 생겼다. 이때 등장한 이들이 '골드스미스(goldsmith)', 우리말로 번역하자면 금세공인(金細工人)쯤 되는 사람들이다. 그들은 원래 금을 가공해 각종 금제품을 만들었지만, 점차 부자들에게 보관료를 받고 금괴와 금화를 보관해 주는 쪽으로 사업 영역을 확대했다.

골드스미스는 돈을 맡긴 이들에게 종이쪽지 한 장을 적어 준다. '윌리엄 공이 우리 보관소에 금화 10만 냥을 맡겼고 이 종이는 그 증표이니, 이를 가져오면 언제든지 10만 냥을 내드립니다.'와 같은 내용이었다. 한마디로 돈을 맡긴 사실을 입증하는 용도다. 그 당시에는 이를 '골드스미스 노트(goldsmith note)'라고 불렀는데, 이게 바로 지폐의 출발점이다. 종이쪽지 한 장이 금화 10만 냥의 가치를 지니게 된 것이다. 그렇게 막대한 금화를 보관해 주던 골드스미스들의 머리에 새로운 아이디어가 하나 떠올랐다. '어차피 보관하는 저 금화, 저걸 누구에게라도 빌려주면 이자를 잔뜩 받을 수 있을 텐데…' 골드스미스들은 돈이 필요한 이들에게 금화를 빌려주고 이자를 받기 시작했다. 이 사업으로 짭짤한 수익을 올린 골드스미스들은 부자들에게서 더 많은 돈을 받아 낼 필요성을 느꼈다. 이들은 부자들을 찾아가 말했다. '지금까지는 보관료를 내고 금화를 맡겼지만, 이제부터는 저희가 이자를 드릴 테니 우리에게 돈을 맡겨 주십시오.'

그렇게 이자를 물어도 골드스미스들에게는 남는 장사였다. 맡은 돈을 다른 사람에게 빌려줌으로써 골드스미스가 지급하는 이자보다 더 많은 금액의 이자를 채무자에게 받아 낼 수 있었기 때문이다. 이로써 예금과 대출의 상관관계가 분명해졌다. 이것이 바로 은행의 기원이다. 이 무렵부터 인간이 사는 사회에는 금융이라는 새로운 산업이 등장했다. 돈이 남는 사람으로부터 예금을 받아, 그 돈을 다시 빌려주는 대출로 돈을 번다. 그 어떤 재화도 만들지 않고, 눈에 보이는 물건은 아무것도 없이 오로지 돈을 이리저리 굴려 돈을 버는 사업이 시작됐다.

금융의 금(金)은 돈을 뜻하고 융(融)은 '뭔가를 잘 흘러갈 수 있도록 만든다.'라는 의미다. 즉 금융업은 돈이 필요한 곳으로 잘 흘러갈 수 있도록 해 돈을 버는 사업을 뜻한다.

▲ 배 한 척에 숨은 주식과 보험

이렇게 소소하게(!) 출발한 금융 산업은 17세기 영국이 '해가 지지 않는 대영제국'을 건설할 무렵 폭발적으로 성장했다. 지금은 세계 금융업의 중심으로 미국 월스트리트를 꼽지만, 원래 그 역할은 영국의 것이었다. 따지고 보면 미국은 영국 이민자들이 세운 나라이기도 하니, 영국의 금융업이 지금 월스트리트의 기반이라고 봐도 과언이 아니다. 그리고 영국 금융의 중심지인 시티오브런던(City of London)은 여전히 월스트리트와 함께 세계 금융을 이끄는 양대 산맥이다.

알다시피 영국은 식민지 지배를 통해 막대한 부를 축적한 나라다. 식민지를 약탈하기 위해선 거대한 배를 운용해야 하는데, 커다란 배 한 척을 띄우는 데는 막대한 돈이 든다. 영국의 은행가들은 이때 선주(船主)들에게 돈을 빌려주며 어마어마한 돈을 챙겼다. 주식거래도 이 무렵 시작됐다. 한 사람이 전 재산을 투자해 배를 띄웠다가 배가 침몰하거나 해적들에게 약탈이라도 당하면 그는 모든 것을 잃는다. 그래서 투자자를 여럿 모아 공동의 재산으로 배를 만든 뒤, 위험도 나누고 수익도 나눈다. 이게 바로 주식회사의 출발점이다. 출항한 배에 문제가 생기면 큰 손실을 겪는 선주들의 불안을 잠재우기 위해 보험도 탄생했다. 선주에게 일정 금액의 돈을 받은 뒤 배가 온전히 돌아오지 못하면 손실을 메워 주고, 배가 무사히 돌아오면 그 돈을 그냥 갖는 식의 보험사업이 시작된 것이다.

산업혁명이 일어나고 전 세계가 공업화의 길을 걸으면서 금융업은 더 막강해졌다. 기업은 돈을 빌려 사업에 나서려 했고, 그 돈줄을 쥐고 있는 곳은 은행이었으니 말이다. 전쟁에 필요한 나랏돈도 금융으로 마련했다. 당장 전쟁 자금이 필요한 강대국들은 정부가 나서서 국채라는 것을 찍었다. 국채란 정부가 돈을 빌린 증서다. 이 돈을 누가 빌려줬느냐? 당연히 거대 은행들이었다. 은행들은 정부에 막대한 자금을 빌려준 뒤 그 나라 정책에까지 이래라저래라 간여했다. 20세기 이후 금융은 더 이상 하나의 평범한 산업이 아니게 되었다. 제조업·정부·서민의 삶을 모조리 틀어쥔, 감당이 어려울 정도의 괴물로 거듭난 것이다.

▽ 망해도 안 되고, 감옥도 안 된다

이후 월스트리트를 비롯한 금융권은 예금이나 대출, 주식 투자, 보험과 같은 단순한 사업을 운영하는 데 그치지 않고 이름도 이해하기 어려운 다양한 금융 상품을 내놓으며 금융의 세계를 복잡하게 만들었다. 지난 2008년 전 세계를 휩쓴 '금융 위기'에 관해 한 번은 들어 보았으리라. 월스트리트의 탐욕 때문에 벌어진, 전 세계 경제를 대재앙으로 이끈 바로 그 사태 말이다. 이를 촉발한 금융 상품의 이름은 '서브프라임모기지(Subprime mortgage)'다. 2008년 금융 위기를 '서브프라임모기지 사태'라고 부르는 이유이기도 하다.

놀라운 건 많은 사람이 아직도 서브프라임모기지가 뭔지 모른다는 사실이다. 서브프라임모기지의 근원인 '자산유동화'의 개념이나, '파생금융상품'에 관해서도 깜깜한 이가 대부분이다. 이 시기 금융 위기로 전 세계가 엄청난 고통을 겪었는데도 말이다. 수많은 미국인이 이 사태 때문에 가지고 있던 집을 날렸다. 그런데도 그들은 왜 자기 집을 빼앗겼는지 여전히 이유를 잘 모른다. 누군가 내게 "당신은 의미를 아나요?" 묻는다면 "그렇다."라고 답할 수 있다. 그런데 "무슨 뜻인지 설명할 수 있나요?" 묻는다면 솔직한 내 답은 "쉽지 않다."이다. 그만큼 이 상품은 복잡하다(하지만 이 책을 끝까지 읽으면 여러분도 이해하게 될 것이다).

사회 구성원 대다수가 곤란한 지경이라면 누군가는 수습하고, 또 누군가는 책임져야 한다. 미국 정부는 사태 수습을 위해 정부 돈을 무려 7,000억 달러(그 당시 환율로 따질 때 우리돈 약 1,120조 원)나 쏟아부었다. 또 미국은 위기를 극복하기 위해 양적완화 정책을 통해 시중에 돈을 풀었는데, 그 규모는 2008년부터 2014년까지 약 4조 5,000억 달러(우리돈 약 5,000조 원)에 달했다. 이렇게 마구잡이로 돈을 풀면 반드시 누군가 고통을 입는다. 그 고통은 당연히 금융 위기를 맞은 전 세계 시민의 몫이었다.

그럼 책임은 누가 졌을까? 2013년 미국의 상원의원들이 당시 법무장관 에릭 홀더를 불러 "금융 위기의 주범들을 처벌할 의도가 없나?"라고 묻자 홀더는 이렇게 답했다. "월스트리트 자본의 크기가 너무 커서 우리가 만약 그들을 처벌하면 국가경제, 심지어 세계경제에 부정적인 영향을 미칠 것이다. 그 점이 수사를 위축시킨다.”

홀더의 이 발언은 ‘too big to fail’, 즉 ‘망하기에는 너무 거대한 존재’라는 말이 널리 퍼진 계기다. 금융의 존재가 너무 커서, 그들이 어떤 잘못을 해도 망하게 놔둘 수 없다는 뜻이다. 심지어 월스트리트는 ‘망하기에 너무 큰 존재’를 넘어 ‘감옥에 보내기에도 너무 큰 존재(too big to jail)’가 됐다. 2011년 미국 시민들이 그토록 분노하며 “월스트리트를 점령하라!”라고 외친 이유다.

우리는 앞으로 얼마나 다양한 금융 상품이 존재하며, 그 상품들이 어떻게 작동하고 어떤 구조와 의미를 지니는지 여러모로 살펴볼 것이다. 조금 어려울 순 있지만 이 과정을 꼭 거쳐야 한다. 금융은 이미 우리의 생활에 너무 깊숙이 들어와 있기 때문이다. 무슨 일이 벌어지는지 알아야만 앞일을 예측하고 대처할 수 있다. 실제 금융업이 전 세계의 경제에 미치는 영향은 어마어마하다. 미국 6대 금융기관이 차지한 자산 규모는 미국 국내총생산(GDP)의 약 50퍼센트에 이른다. 미국을 대표하는 금융 그룹 JP모건체이스의 창업자 존 모건을 두고 ‘모건의 허락을 받지 못한다면 하느님조차 한 푼도 빌릴 수 없을 것이다.’라는 말까지 나돌았을 정도다. 이 거대하고도 복잡하며, 우리 일상생활을 강력히 지배하는 금융업을 이해하기 위한 첫걸음을 함께 내디뎌 보자.

증권시장의 지수란?

'코스피지수 2,600 돌파!' 뉴스에서 자주 듣는 이 말, 정확히 무슨 의미일까? 증권가에 가면 볼 수 있는 빨간색과 파란색으로 번쩍이는 숫자들이 어떤 의미인지 궁금하기도 하다.

이 장에서는 코스피와 코스닥이라는 두 시장의 차이점은 무엇인지, 그리고 뉴스에서 매일 접하는 '코스피지수'와 '코스닥지수'가 실제로 의미하는 바가 무엇인지 알아볼 것이다. 방탄소년단(BTS)의 소속사 하이브는 어떻게 바로 코스피에 입성할 수 있었는지, 코스닥지수에는 어떤 뒷이야기가 숨어 있는지도 함께 살펴보자.

주식시장의 기본 구조를 이해하는 것은 금융 세계를 탐험하는 첫걸음이다. 이제 그 신비한 숫자들의 비밀을 하나씩 풀어 보도록 하자.

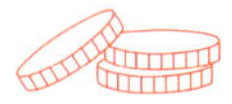

▲ 아무 주식이나 사고팔 순 없다

주식에 돈을 투자한다는 어른들을 많이 보았을 것이다. 어쩌면 직접 주식 투자에 뛰어든 또래 친구도 주변에 있을 법하다. '나도 한번 해 볼까?' 하는 생각이 들 수 있는데, 바람직하다고 본다. 나는 '투자는 빨리 배울수록 좋다.'라고 믿는 사람이다.

그런데 주식 투자를 하고자 한다면 아주 근본적인 부분부터 알아야 한다. 도대체 어떤 회사의 주식을 살 수 있느냐 하는 것이다. 예컨대 삼성전자, 현대자동차, SK텔레콤 등 거대 기업의 주식은 여러분이 살 수 있다. 게임을 즐겨 관심이 많다면 '배틀그라운드'로 유명한 크래프톤의 주식을 살 수도 있다. 그런데 놀랍게도 넥슨·크래프톤과 함께 우리나라 3대 게임 회사로 손꼽히는 스마일게이트의 주식은 여러분이 절대 살 수 없다.

마트에 쇼핑을 가 보았을 것이다. 주로 이마트·롯데마트·홈플러스·다이소 등에서 장을 봤을 테다. 이 가운데 이마트의 주식은 여러분이 살 수 있다. 롯데마트 주식을 사고 싶다면 '롯데쇼핑'이라는 이름의 주식을 사면 된다. 하지만 홈플러스와 다이소의 주식은 시장에서 눈을 씻고 찾아보아도 없다. 왜일까?

기준은 간단하다. '회사의 주식이 거래소에 상장돼 있느냐 아니냐'의 차이이다. 여기서 '상장(上場)'은 '주식시장에서 거래될 수 있도록 이름을 올린다.'라는 뜻이다. 영어로는 '이름을 올린다'는 뜻으로 'listing'이라고 쓴다. 한자(上場)보다는 영어(listing)가 훨씬 직관적이라 이해하기 쉽다. 상장이란 가게 물품 진열대에 상품을 올리는 일과 같다. 그러니 상장만 되면 누구나 증권사에서 제공하는 간단한 앱을 통해 그 주식을 살 수 있다.

하지만 스마일게이트, 홈플러스, 다이소 등의 주식은 '가게 진열대에 물품을 아예 올려놓지 않은' 상태와 다름없다. 사고 싶어도 진열대에 올라오지 않은 물건을 살 순 없는 법이다.

어떤 회사의 주식이 상장된다는 것은 그 회사의 주식을 온 국민이 자유롭게 사고팔 수 있게 되었다는 의미다. 상장된 주식에는 그래서 공통점이 있다. 어느 정도 안정성이 검증된 기업의 주식이라는 점이다. 생각해 보라. 우리나라 사람은 누구나 사고팔 수 있는 주식인데, 막상 사고 나서 일주일 뒤에 그 회사가 망한다면? 이런 경우엔 투자자들도 함께 쫄딱 망하는 셈이니 시장에 얼마나 큰 혼란이 오겠는가? 그래서 주식을 증권시장에 상장하기 위해서는 상당히 엄격한 심사를 거쳐야 한다. 기업의 크기가 어느 정도 되는지, 벌어들이는 돈은 일정한지, 빚은 얼마나 있는지를 꼼꼼히 점검한다. 이런 것들을 점검하는 기관이 '한국거래소'라는 곳이다.

대부분 기업은 회사의 주식을 상장하려고 애쓴다. 그래야 투자금을 유치하기 쉽고, 주식거래가 활발해져 주가도 높아지기 때문이다. 하지만 거래소의 상장 심사를 통과하지 못하면 '말짱 꽝'이다. 상장 기업이 비상장 기업보다 여러 면에서 우월하다고 인정받는 이유가 여기에 있다.

물론 예외도 존재한다. 앞에서 언급한 스마일게이트, 홈플러스, 다이소의 경우 기업이 우월하지 못해 주식이 상상되지 않은 것이 아니다. 사실상 이들 회사는 기업 규모가 크고 튼튼해 상장 심사를 신청하기만 하면 통과할 확률이 매우 높다. 하지만 이들 세 기업은 어떤 이유에서인지 상장을 원하지 않았다. 정확한 이유는 그 회사의 주인만이 알 테지만, 어쨌건 충분히 자격을 갖췄으면서도 주식을 상장하지 않는 예외적 기업들이 존재한다.

▽ 한국을 대표하는 두 개의 증권시장

우리나라에는 두 개의 증권시장, 이른바 두 개의 '증시'가 있다. 마트 브랜드에 이마트·롯데마트·홈플러스 등이 있는 것처럼 증시도 코스피시장과 코스닥시장으로 나뉜다. 차이점이라면 이마트나 롯데마트, 홈플러스에서는 똑같이 매일우유나 서울우유를 살 수 있지만 코스피시장에서는 코스피시장에 상장한 종목만을, 코스닥시장 역시 코스닥시장에 상장한 종목만을 거래할 수 있다는 것이다. 두 시장은 진열대에 오르는 품목 자체를 다르게 다룬다는 뜻이다.

원조는 코스피(KOSPI)시장이다. 영어로 'Korea Composite Stock Price Index'라고 쓴다. 지수(index)라는 단어가 맨 뒤에 붙은 것에서 알 수 있듯 원래 코스피의 의미는 '종합주가지수'였는데, 지금은 의미가 확대되어 주식시장 이름이 돼 버렸다. 한국의 대표 주식시장인 만큼 코스피시장에는 우리나라를 대표하는 간판 기업의 주식이 대부분 상장해 있다. 삼성전자, 현대자동차, 포스코, 한국전력, 국민은행, 네이버 등이 이곳 소속이다.

코스피시장은 투자자의 안전을 매우 중시하는 곳이어서 상장 심사기준이 상당히 까다롭다. 이곳에 상장한 기업은 900여 개인데, 이들 모두 깐깐한 심사를 통과해야 했다. 사정이 이렇다 보니 투자자들 사이에서는 규모가 작더라도 장래가 촉망되는 기업들의 주식도 자유롭게 거래할 수 있으면 좋겠다는 목소리가 나왔다. 물론 이런 작은 기업들은 망할 확률이 상대적으로 커서 위험하다. 하지만 호랑이에게도 고양이만 한 새끼 시절이 있는 법. 작지만 전망이 밝은 기업들, 그래서 그 회사의 미래에 운명을 한번 걸어 보고 싶은 투자자들도 당연히 있다. 이런 투자자들을 위해 상장 심사 기준을 대폭 완화한 증시가 바로 코스닥(KOSDAQ)시장이다.

코스닥의 풀네임은 'Korean Securities Dealers Automated Quotation'이다. 굳이 그 의미를 해석할 필요는 없다. 비슷한 취지로 앞서 미국이 만든 나스닥(NASDAQ)시장의 이름을 따라 지은 것이기 때문이다. 상장 심사 기준을 낮춘 시장의 원조가 미국 나스닥이고, 한국의 코스닥이나 일본의 자스닥(JASDAQ) 등은 모두 그 아류로 보면 된다.

전통적인 대기업이 주로 코스피시장에 있고, 성장하는 신생 기업들은 주로 코스닥시장에 있는 이유를 이제는 이해할 테다. 한 예로 네이버는 2002년 코스닥에 주식을 상장할 당시엔 신생 기업이었다. 그러다가 네이버가 거대 기업이 되면서 2008년에 코스피시장으로 옮겼다. 이렇게 코스닥으로 출범한 뒤 성공해 코스피로 옮기는 기업이 꽤 된다.

여러분이 관심을 가질 만한 주식을 소개하자면 SM·JYP·YG 엔터테인먼트는 모두 코스닥 상장 기업이다. 하지만 BTS의 소속사 하이브는 2020년 당당하게 코스피시장으로 직행했다. 하이브는 코스피시장에 입성한 최초의 엔터테인먼트 회사이기도 하다.

▲ 코스피 2,600이 무슨 뜻인데?

우리나라를 대표하는 두 증시에는 각 시장을 상징하는 지표가 있다. 이를 보통 '지수'라고 부른다. 코스피시장의 대표 지수는 코스피지수이고, 코스닥시장의 대표 지수는 당연히 코스닥지수다.

왜 이런 지수를 만들까? 투자자는 당연히 개별 종목에 투자한다. 그래서 투자자에게 가장 중요한 것은 내가 투자한 종목의 주가, 즉 가격이다. 그런데 아무리 내가 투자한 종목이 중요하다 해도, 그 종목의 주가만 노려보고 있으면 곤란하다. 개별 종목의 주가라는 것이 결국 전체 증시의 분위기에 좌우되는 경우가 많기 때문이다.

예를 들어 나라 경제가 좋아져서 전체 증시가 뜨겁게 달아오르면, 내가 투자한 종목도 대개 오른다. 반대로 나라 경제가 휘청거리면 내가 투자한 종목의 전망이 아무리 밝아도, 주가가 내려가는 경우가 많다. 주가란 결국 수요와 공급에 따라 결정되기 때문에 전체적으로 증시 분위기가 좋으면 주식을 사겠다는 수요가 늘어나고, 분위기가 나쁘면 그 수요도 줄어든다. 그래서 전체 증시의 분위기를 쉽게 알아볼 수 있도록 하는 지수가 생겨난 것이다. 코스피지수는 시장에 상장된 900여 개 종목 주가에 발행 주식 수를 모두 곱한 값인 시가총액을 가지고 만들었다.

지수를 산정하는 구체적 방법은 이렇다. 1980년 1월 4일(코스피지수를 처음 만든 날)의 시가총액을 100으로 놓는다. 그리고 이 값을 기준으로 시가총액이 얼마나 변했는지를 매일 기록한다. 최근 코스피지수가 3,000선을 오르내리는데, 이 말은 현재 증시에 상장한 종목들의 시가총액이 40여 년 전인 1980년에 비해 서른 배쯤 올랐다는 이야기다.

코스피보다 역사가 훨씬 짧은 코스닥시장은 1996년 7월 1일(코스닥시장이 처음 개장한 날) 코스닥시장에 상장할 당시의 시가총액을 100으로 놓고 시작했다. 요즘 코스닥지수가 800쯤 하니 '1996년에 비해 8배쯤 올랐다는 이야기겠네?'라고 생각하기 쉽다. 대강 맞는 추측이지만, 사실 여기엔 비화가 있다.

코스닥지수는 1999~2000년, 이른바 '닷컴버블(dot-com bubble)' 시기에 2,800대까지 치솟은 적이 있다. 1996년에 100으로 출발했으니 경이로운 성장이었다. 닷컴버블은 인터넷과 관련한 산업이 발전하면서 주식시장에서 해당 지분 금액이 급격하게 오른 1995년부터 2000년까지의 거품경제 현상을 말한다. 그런데 버블이 꺼지면서 코스닥지수는 끝없는 주락을 거듭했다. 2004년에는 이 지수가 40 언저리까지 폭락해 버렸다. 시작점보다 절반 아래로 떨어진 셈이다. 문제는 이 지수를 세계 무대에 소개하기가 너무 창피하다는 데 있었다. 다른 나라의 지수들은 몇천에서 몇만 단위로 움직이는데, 그래도 한 나라를 대표하는 시장의 지수가 40 언저리의 값이라는 게 말이 안 된다고 본 것이다. 그래서 2004년에 코스닥지수를 아무 이유 없이 10배로 부풀려 버렸다. 100으로 시작한 지수를 1,000으로 고치고, 40 안팎이던 지수를 400선까지 인위적으로 끌어올렸다.

이런 까닭에 현재 800 정도 하는 코스닥지수를 보고 '1996년에 비해 8배쯤 올랐군.'이라고 생각하면 곤란하다. 사실상 지금 지수를 1996년 출범 당시와 비교하려면 10분의 1로 깎아야 한다. 열 배 뻥튀기하지 않았다면 코스닥지수는 지금도 80쯤에 머물렀을 것이다. 알고 보면 28년 전보다 되레 퇴보한 것이다. 이유는 간단하다. 코스닥에 상장한 기업은 코스피 상장 기업보다 부도 등의 위험성이 높기 때문이다. 상장 심사 기준이 비교적 유연한 만큼, 이곳에 들어왔다가 어느새 문 닫은 기업도 코스피보다 훨씬 많다. 코스닥에 상장했던 네이버가 굳이 코스피로 옮긴 이유도 '우리는 코스닥에 상장된 작고 위험한 기업이 아니라 삼성전자, 현대차 등과 함께 코스피에서 거래되는 안정된 기업이에요.'라는 사실을 강조하기 위해서였으니 말이다.

신용점수는 어떻게 정해지고 어떻게 활용될까?

물건을 살 때마다 현금 대신 카드를 내미는 사람들, 신용카드 한 장으로 집도 사고 차도 사는 세상, 이게 가능한 이유는 무엇일까? 바로 '신용' 덕분이다. 신용은 '이 사람은 돈을 빌리면 반드시 갚을 거야.'라는 믿음을 숫자로 표현한 것이다. 이 점수가 높으면 원하는 물건도 쉽게 사고, 돈도 쉽게 빌릴 수 있다.

그런데 만약 신용점수가 낮다면? 카드도, 대출도, 심지어는 집을 구하는 일조차 어려워질 수 있다. 이번 장에서는 '신용점수'가 어떻게 만들어지고, 우리 삶에 어떤 영향을 주는지를 차근차근 살펴볼 것이다.

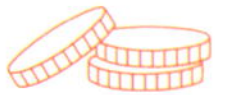

▲ 금융에서 가장 중요한 것

친구들에게 돈을 빌리거나 빌려준 적이 종종 있을 것이다. 우리는 이런 행위를 매우 쉽게 생각한다. 그런데 금융 산업에서 돈을 빌려주고 돌려받는 일은 매우 복잡하고 중요한 의미를 지닌다.

우리가 금융을 '산업'이라 일컫는 이유는 금융을 통해 돈을 벌 수 있기 때문이다. 은행은 돈이 많은 사람으로부터 예금을 받아 그 돈을 꼭 필요한 사람에게 대출해 주는 방식으로 돈을 번다. 통상 예금을 맡긴 사람에게는 연 3~4퍼센트의 이자를 주고, 대출을 받은 사람에게는 연 4~5퍼센트의 이자를 거둔다. 예금자에게 내주는 이자보다 1퍼센트포인트 정도 더 많은 이자를 채무자로부터 받아 내는 과정에서 은행의 이익이 발생하는 것이다.

이때 생기는 이익을 전문용어로 예대마진이라고 부른다. 매우 단순한 행위처럼 보이지 않는가? 하지만 놀라지 마시라. 이 '단순한 행위'로 우리나라 4대 은행(KB국민·신한·우리·하나)이 2024년에 벌어들인 돈은 무려 31조 원에 육박한다. 금융 산업의 위력이란 바로 이런 것이다.

그런데 여기서 중요한 문제가 하나 있다. 만약 어떤 사람이 빌린 돈을 갚지 않은 채로 도망가 버린다면? 이런 일이 계속 벌어지면 금융 산업 자체가 붕괴한다. 채무자에게 빌려준 돈을 제때 수금하지 못한 은행에는 예금자에게 내줄 돈이 사라질 것이고, 은행을 믿지 못하게 된 사람들은 예금을 꺼리게 되기 때문이다.

이 이야기를 독자 여러분이 부디 매우 중요하게 생각해 준다면 좋겠다. 금융 산업에서 발생할 수 있는 가장 큰 문제는 바로 돈을 빌린 사람이 이를 갚지 못할 때 생긴다는 사실을 말이다. 앞 장에서도 잠깐 언급했고 앞으로도 자세히 살펴보겠지만, 2008년 미국에서 촉발되었던 글로벌 금융 위기의 본질도 사실 간단하다. 미국 사람들이 집을 사기 위해 터무니없이 많은 돈을 빌렸고, 은행은 대출이자 받아먹는 재미에 마구잡이로 돈을 빌려줬다. 그러다 돈을 빌린 사람들이 대거 은행 빚을 갚지 못하는 사태가 벌어졌다. 내로라하는 주요 금융기관들이 몰락하면서 세계경제에 광범위한 영향을 미쳤고 수많은 국가가 경기침체를 겪었다. 이게 바로 세계 금융 역사상 최악의 사건으로 기록된 글로벌 금융 위기의 본질이다.

　최악의 사태를 막기 위해 금융 산업은 채무자에게서 돈을 받아 내지 못할 가능성을 줄일 방법을 찾아야 했다. 우리나라에서 가장 많이 사용한 방법은 '보증'과 '담보'다. 보증이란 돈을 빌리는 사람이 은행에 가서 '내가 돈을 못 갚으면 이 사람이 대신 갚아 줄 거예요.'라며 제삼자를 개입시키는 방식이다. 보통 친구나 가족을 많이들 끌어들였다. 은행은 채무자가 돈을 못 갚을 지경이 되더라도 보증을 선 사람에게 대신 돈을 받을 수 있으므로 보다 큰 안정성이 보장되는 셈이다.

　하지만 이 제도는 숱한 문제점을 양산했다. 친한 친구가 급하게 달려와 '내가 은행에서 돈을 좀 빌리려는데, 제발 보증 좀 서 줘라.' 이렇게 부탁하면 거절하기가 쉽지 않다. 만약 거절한다면 '우리 우정이 이것밖에 안 돼?'라는 타박을 듣는 일도 부지기수일 테다. 그렇다고 해서 보증을 덜컥 섰다가 친구가 망하기라도 하면 나는 그 은행 빚을 고스란히 떠안아야 한다. 드라마 〈응답하라 1988〉(2015~2016)에서 주인공 덕선(이혜리 분)의 아버지 동일(성동일 분)이 은행 직원이라는 번듯한 직업을 가졌는데도 반지하 집에서 궁핍한 생활을 감내해야 했던 이유가 바로 보증을 잘못 섰기 때문이다. 이 제도의 폐해가 너무도 비인간적이어서 우리나라는 2008년 은행에서 개인이 돈을 빌릴 때 보증을 이용할 수 없도록 법으로 금지했다.

　두 번째 방법은 담보다. 담보란 은행에서 돈을 빌릴 때 '내가 만약 돈을 못 갚으면 대신 이걸 드릴게요.'라며 물건을 제시하는 방식이다. 물론 이때 제시하는 물건의 가치가 최소한 은행에서 빌리는 돈보다 커야 은행도 이를 받아들인다. 대표적인 것이 주택담보대출, 즉 집을 담보로 돈을 빌리는 것이다. 알다시피 우리나라에서 집은 가격이 꽤 높은 재산이므로 담보로써 매우 훌륭한 가치를 지닌다. 만약 소유하고 있는 집을 담보로 잡고 대출받은 뒤 돈을 갚지 못하면, 은행은 그 집을 팔아 대출금을 수금한다. 집 외에 고가의 자동차 등도 담보로 종종 이용된다.

▲ 신용카드 대란

여러분은 부모님의 신용카드를 사용해 본 적이 있는지 모르겠다. 원칙적으로 신용카드는 카드 실소유자만이 사용할 수 있다. 그러니 부모님 카드라 할지라도 다른 사람의 카드를 이용히는 건 불법이므로 쓰지 않는 것이 옳다.

신용카드를 사용하는 일은 사실 금융 산업에서 매우 중요하게 생각하는 대출의 한 형태다. 현금이 아닌 '카드'를 내고 물건을 산다는 건 그 물건을 '외상'으로 샀다는 의미이기 때문이다. 카드 사용자는 이 외상값을 매달 정해진 날짜에 한꺼번에 갚아야 한다. 얼핏 간단한 행위처럼 보이지만 실은 절대 간단하지 않다. 만약 신용카드 사용자들이 이 외상을 갚지 못하면 나라 경제가 위험해진다.

2003년 우리나라는 '신용카드 대란'이라 불리는 경제 위기를 겪었다. 그 당시 정부는 국민 소비를 늘리기 위해 신용카드 사용을 크게 장려했다. 너도나도 신용카드를 쉽게 발급받을 수 있는 시대가 열린 것이다. 손쉽게 카드를 만든 사람들은 뒷일을 생각하지 않고 카드를 긁어 댔다. 당장은 물건이 많이 팔리는 듯 보이니 기업들도 신이 났다. 경제지표가 좋아졌고, 정부는 신용카드 사용을 더욱더 장려했다. 급기야 카드 회사들은 경제 능력이 없는 대학생들에게도 무차별적으로 카드를 발급해 줬다. 그때 지하철역에는 수많은 카드 회사가 고객을 모으기 위해 마련한 부스로 장사진을 이뤘다. 1998년에 63조 6,000억 원이었던 카드 사용액은 2002년에 무려 622조 9,000억 원으로 폭증했다.

하지만 앞서도 이야기했듯, 돈을 빌린 사람이 그것을 갚지 못하면 큰 위기가 닥친다. 마구잡이로 카드를 써 댄 사람들이 카드 빚을 갚지 못하는 지경에 이르면서 사태가 터졌다. 신용 불량자, 즉 빚을 제때 갚지 못해 금융기관에 악성 채무자로 등록된 사람 수가 2003년 370만 명을 초과했다. 돈이 제때 들어오지 않으니 카드 회사들은 무너졌다. 기업들도 물건 판 값을 제때 받지 못하면서 줄줄이 위기를 맞았다. 이게 바로 금융 시스템이 무너졌을 때 벌어질 수 있는 불행한 사태의 대표 사례다.

이런 사태를 겪어 본 금융기관들이 돈을 대출해 주거나 카드를 발급해 주는 데 새롭게 도입한 안전장치가 바로 신용점수다. 신용점수란 고객의 신용, 말하자면 고객이 돈을 제때 갚을 수 있는 사람인지 아닌지를 점수로 매긴 것이다.

신용점수를 전문적으로 매기는 회사도 따로 존재한다. 우리나라에서는 개인의 신용점수를 매기는 회사로 NICE평가정보와 KCB가 양대 산맥이 되어 자리를 잡았다. 이들은 여러 데이터를 모아 대부분 국민의 신용점수를 관리한다. 신용카드 회사와 은행은 돈을 주고 이들 회사로부터 고객의 신용점수 데이터를 산다. 그리고 그 데이터를 바탕으로 '이 고객에게 카드를 발급해 줘도 되는지' 혹은 '돈을 빌려줘도 되는지' 여부를 판단한다.

우리나라의 신용점수는 1,000점이 만점이다. 점수가 높을수록 당연히 신용이 높아 돈을 떼먹을 확률이 낮은 사람으로 평가받는다. 아직 미성년자인 독자라면 신용점수의 중요성을 별로 실감하지 못하겠지만, 성인이 되는 순간 신용점수는 개인의 삶에 어마어마한 영향을 미친다. 일단 점수가 680점 이하로(NICE평가정보 기준) 떨어지면 신용카드 발급 자체가 어렵다. 700점 언저리에서 극적으로 카드를 발급받아도 사용할 수 있는 금액 한도가 매우 낮게 결정된다. 600점 이하로 떨어진다면 은행 대출은 꿈도 꾸지 못한다. 점수가 700점이 넘더라도 그 점수를 꾸준히 유지한 게 아니라 최근 갑자기 오른 것이라면 대출 승인은 까다로워진다.

미국도 마찬가지다. 미국 금융기관들이 가장 신뢰하는 신용점수 가운데 하나가 피코 스코어(FICO score)라는 것이다. 피코는 미국 국민의 신용점수를 매기는 회사다. 미국 국민의 피코 스코어 평균은 대략 710점 정도다. 그런데 이 점수에 따라 미국 국민의 삶이 결정된다고 해도 과언이 아니다. 왜냐하면 미국은 집을 사건 차를 사건 대부분 신용점수를 기반으로 한 대출을 이용하기 때문이다. 특히 미국은 땅이 넓어 자동차가 없으면 생활이 매우 불편한 나라다. 그래서 대부분 국민이 금융기관으로부터 돈을 빌려 차를 구매한다. 하지만 피코 스코어가 600점 미만이면 자동차 구매를 위한 대출은 물론, 신용카드 발급도 어려워 기본적인 생활이 거의 불가능하다. 그러니 누군가의 피코 스코어가 600점 미만이라는 말은 그가 미국 사회에서 사람대접을 받지 못한다는 이야기나 다름없다.

신용점수를 적절하게 관리하는 것은 매우 중요하다. 사실 신용점수를 매기는 회사들이 어떤 기준을 사용하는지 정확히 공개하지 않기 때문에 어떻게 해야 신용점수를 잘 관리할 수 있는지에 관한 정답은 없다. 하지만 핵심적인 사실은 널리 알려져 있다. 제일 중요한 점은 '빚을 안 지고 사는 것'이 아니다. '나는 돈이 많아서 신용카드도 안 쓰고 매일 현금으로 물건을 사며, 은행에서 돈을 빌린 적도 없다.' 이런 사람의 신용점수가 높으리라고 생각하기 쉽지만, 천만의 말씀이다. 이 경우 신용점수를 매기는 회사들이 '저 사람이 돈을 빌리면 제때 갚을 것인가?'를 판단할 기준을 세울 수가 없기 때문이다.

신용점수를 높이는 가장 좋은 방법은 '진 빚을 꾸준히 잘 갚는 것'이다. 그래서 신용카드를 발급받으면 카드 대금을 연체하지 않는 것이 매우 중요하다. 외상값을 제때 갚지 않아 연체 기록이 쌓이면 신용점수가 확 깎인다. 만약 금융기관에서 돈을 빌렸다면 약속한 날짜에 꼬박꼬박 갚아야 신용점수가 올라간다.

중요한 사실이 하나 더 있다. 은행 같은 대형 금융기관이 아니라 제3금융권 등으로부터 돈을 빌린 기록이 있어도 신용점수가 급격히 떨어진다는 사실이다. 제3금융권은 금융기관으로 인정받지 못하고 대부업법의 적용을 받는 업체로 사채·전당포 등이 여기 해당한다. 대출금리로 최고 연 20퍼센트를 적용하기도 하는 등 일반적이지 않다. 따라서 이런 곳을 찾은 기록이 있다는 건 내형 금융기관에서 돈을 빌릴 만큼 신용점수가 높지 않아 비제도권의 금융기관을 이용했을 가능성이 큰 것으로 여겨져 좋은 평가를 받기 힘들다.

요약하자면 신용점수 관리는 현대사회에서 매우 중요하다. 그리고 신용점수를 잘 유지하기 위해서는 신용카드도 자주 쓰고 금융기관으로부터 빚도 좀 지면서 살아가야 하는데, 반드시 카드 대금과 빚을 제때 잘 갚아야 한다는 사실을 잊지 않길 바란다.

기준금리는
누가, 왜 정하나?

은행 이자가 0.25퍼센트포인트 오르거나 내리는 건, 우리 일상에서는 눈에 띄지 않을 정도의 작은 변화일지 모른다. 하지만 이 작은 변화가 수천조 원 단위의 돈을 움직이고, 각국의 기업과 정부를 압박하며, 다시 돌아와 우리의 지갑 사정까지 뒤흔든다면 이야기는 달라진다.

이 장에서는 '기준금리'라는 단어에 숨겨진 무게를 알아보려 한다. 미국의 중앙은행이 기준금리를 조금만 올려도 우리나라를 포함한 전 세계 금융 시장이 출렁인다. '빅스텝', '자이언트스텝' 같은 이름으로 불리는 금리 인상의 파도는 왜 그렇게 거대한 영향을 미칠까? 이 장을 읽다 보면, 숫자 뒤에 숨은 경제의 거대한 발자국 소리를 들을 수 있을 것이다.

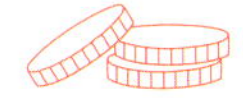

▲ 경제 위를 걷는 거인의 발자국

금융에 관해 이야기하면서 겪는 큰 어려움 가운데 하나는 작은 수치가 얼마나 중요한지를 사람들에게 이해시키기 쉽지 않다는 점이다. 예를 들면 은행 금리가 대표적이다. 여러분이 은행에 돈을 예·적금하면 최소 연 2~3퍼센트 이자를 받는다. 100만 원을 1년 동안 맡길 때 이자가 2~3만 원 나온다는 이야기다. 대부분은 이 대목에서 2만 원과 3만 원 사이의 차이를 실감하지 못한다. 하지만 천만의 말씀이다. 개인에게는 고작 커피 두세 잔 값일지 모르겠으나 국가적으로는 엄청난 변화를 불러오는 차이니 말이다.

오늘날 미국이 정하는 기준금리는 세계경제에 어마어마한 영향을 미친다. 이 같은 기준금리가 한 번에 보통 얼마나 바뀔 것 같은가? 특별한 일이 없는 한, 기준금리의 변동 폭은 0.25퍼센트포인트다. 0.25의 차이라면 원금 100만 원 기준으로 연간 이자가 고작 2,500원 변할 뿐이다. 그런데 이 숫자 때문에 세계경제가 요동친다고?

코로나19 사태가 후반부로 치닫던 무렵 미국은 기준금리를 사정없이 올렸다. 기준금리 변화 속도가 너무 빠를 때 '빅스텝(big step)' 혹은 '자이언트스텝(giant step)'이라는 개념이 등장한다. 빅스텝이란 중앙은행이 기준금리를 한 번에 0.5퍼센트포인트 올리거나 내린 것을 뜻한다. 통상 변동 폭이 0.25퍼센트포인트라고 했으니 갑절로 늘어난 셈이다. 연 금리가 0.5퍼센트로 변했다고 해 봐야 원금 100만 원에 이자 5,000원이 붙는 차이 아닌가 싶을 테다. 그런데 세계경제 속의 이 차이는 상상을 초월할 정도로 크다. 0.5퍼센트포인트의 변화에 빅스텝이라는 표현을 사용하는 이유다.

한편 자이언트스텝은 금리 변동 폭이 0.75퍼센트포인트로 늘어난 상황을 말한다. 다시 한번 강조하지만 '고작' 0.75가 아니다. 평소의 세 배가 된 이 어마어마한 변동 폭은 가히 '거인의 발걸음'에 비견될 정도다. 일례로 지금 우리나라 5대 은행(KB국민·신한·하나·우리·NH농협)이 보유한 정기예금 잔액은 1,000조 원 정도다. 연 이자율이 2퍼센트라면 5대 은행이 내주는 이자는 대략 연 20조 원이고, 3퍼센트라면 30조 원으로 불어난다. 무려 10조 원의 차이가 생기는 셈이다.

▽ 기준금리를 정하는 곳은 어디일까?

이 기준금리는 누가, 어떻게 정할까? 기준금리는 나라에서, 더 정확히 말하자면 그 나라의 중앙은행에서 정한다. 기준금리란 각 금융기관이 금리를 정할 때 기준이 되는 지점을 뜻하므로 시중은행들은 제멋대로 이 값을 정할 수 없다. 나라가 제시하는 기준금리에 조금씩 더하거나 빼는 식으로 금리를 정한다. 즉 기준금리가 얼마냐에 따라 각 은행이 조정 가능한 금리의 범위가 결정된다.

2025년 1월 기준 우리나라의 기준금리는 연 3.00퍼센트다. 은행에서 연 5퍼센트 금리로 돈을 빌린다면 대출 상품 설명서에는 '대출금리 연 5퍼센트=기준금리+가산금리'라고 적혀 있을 테다. 이때 5퍼센트의 대출금리는 그냥 정한 게 아니라 나라가 정해 준 3퍼센트라는 기준금리에 은행이 임의로 정한 2퍼센트의 가산금리를 추가한 것이다. 그러니 기준금리가 변하면 당연히 은행의 금리도 변한다. 기준금리가 우리 실생활에 큰 영향을 미치는 이유다.

기준금리를 정하기 위해 각 나라의 중앙은행이 회의를 주최한다. 우리나라에서는 한국은행에서 금융통화위원회를 열어 기준금리를 결정한다. 미국은 연방준비제도(Federal Reserve)라는 곳이 이 역할을 담당한다. 흔히 연준(Fed)으로 줄여 부르는 이 기구가 바로 미국의 중앙은행으로, 연준은 정기적으로 회의를 열어 미국의 기준금리를 정한다. 이때 열리는 회의를 연방공개시장위원회(FOMC, Federal Open Market

Committee)라고 부른다.

세계에서 가장 영향력이 큰 달러의 기준금리를 정하는 회의이기에 FOMC가 열리면 전 세계가 귀를 쫑긋 세운다. 이 기구의 의장, 우리나라로 치면 한국은행 총재의 역할을 하는 사람의 힘도 막강하다. 1987년부터 2006년까지 19년 동안 연준 의장을 지낸 앨런 그린스펀이라는 사람이 있다. 그에게 붙은 별명은 '미국의 경제 대통령'도 아니고 무려 '세계의 경제 대통령'이었다.

▲ 기준금리가 지닌 거대한 힘

기준금리는 왜 경제에 지대한 영향을 미칠까? 기준금리가 돈의 흐름을 완전히 바꿔 놓기 때문이다. 그리고 돈의 흐름이 바뀌면 경기와 물가가 덩달아 춤을 춘다. 생각해 보자. 기준금리가 올랐다. 그렇다면 당연히 시중은행들의 예금금리와 대출금리도 따라 오른다. 이때 여러분이 예금자라면 은행에 돈을 더 맡기고 싶겠는가, 덜 맡기고 싶겠는가? '에이, 변해 봐야 1년에 0.25퍼센트포인트 차이인데 그걸 가지고 뭘 더 맡기고 말고를 망설여요?'라고 말한다면 '빵점짜리 답안'이다. 앞서도 강조했지만, 경제에 관해서는 작은 수치를 중요하게 여길 줄 알아야 한다.

실물경제에서는 단 0.25퍼센트포인트의 금리 상승에도 돈의 흐름이 바뀐다. 그것도 아주 많이. 어떻게 바뀌느냐? 당연히 예금자가 은행에 돈을 더 맡기고 싶은 방향으로 바뀐다. 은행에서 이자를 더 챙겨 주기 때문이다. 그러면 시중에 풀린 돈 상당액이 은행으로 흘러 들어온다. 돈이 은행에 잠긴다는 뜻이다.

반대로 대출 규모는 줄어든다. 기준금리가 오른 상황에서 여러분이 대출받는다면 돈을 더 많이 빌리고 싶겠는가, 적게 빌리고 싶겠는가? 당연히 적게 빌리고 싶을 테다. 이자를 이전보다 많이 물어야 하기 때문이다. 돈을 빌리는 사람이 줄어든다는 것은 그만큼 돈을 쓰겠다는 사람이 감소한다는 뜻과 같다. 즉 기준금리를 올리면 예금은 늘고 대출은 줄어서 시중에 풀리는 돈의 양이 확 감소한다. 반대로 기준금리를 내리면 예금은 줄고 대출이 늘어 시중에 풀리는 돈이 훨씬 많아진다.

여기서 기억해야 할 중요한 내용이 있다. 시중에 돈이 많이 돌수록 경제가 좋아진다는 점이다. 여러 곳에 돈이 흘러야 이 사람 저 사람이 돈맛을 볼 확률이 높아지기 때문이다. 이걸 매번 논리적으로 생각해 결론을 도출하려면 매우 힘들다. 그래서 팁을 하나 선사하자면, 딱 두 가지만 외우길 바란다. ① 기준금리를 올리면, 돈이 은행에 잠겨서 경제가 나빠진다. ② 기준금리를 내리면, 돈이 시중에 풀려서 경제가 좋아진다.

앞서 코로나19 사태 후반부부터 미국 연준이 빅스텝과 자이언트스텝을 연달아 밟으며 기준금리를 대폭 올렸다고 했다. 다른 나라도 아니고 미국이 이렇게 기준금리를 올리면 세계 시장에 골고루 퍼져야 할 돈이 미국 은행으로 삽시간에 빨려 들어간다. 이를 막기 위해 각국 중앙은행도 울며 겨자 먹기로 기준금리를 올려야 했다. 그렇게 하지 않으면 그 나라에 머무르던 돈이 더 빠른 속도로 미국 은행에 빨려 들어갈 것이기 때문이었다. 그런 이유로 각 나라 중앙은행이 기준금리를 올리면, 그 나라 시중에 돌아야 할 자금 역시 그 나라 은행에 잠겨 버린다. 최근 몇 년간 세계경제가 침체 국면을 벗어나지 못한 가장 중요한 이유다.

▽ 중앙은행이 독립해야 하는 이유

그러면 궁금해진다. 중앙은행은 왜 기준금리를 올리는가? 경제 활성화를 위해 금리를 낮추는 게 더 나은 선택 아닌가? 그런데 이게 또 그리 단순하지가 않다. '물가'라는 변수가 있기 때문이다. 시중에 돈이 마구 풀리면 경제는 좋아지지만 물가가 덩달아 오른다는 부작용이 있다. 돈이 풀리면 당연히 물가가 오른다. 그리고 물가는 한 번 오르기 시작하면 걷잡을 수 없이 치솟는 경향이 있다(이것 역시 암기해 놓는 게 경제를 이해하기에 편하다).

여러분이 장사를 한다고 생각해 보자. 원래 1,000원에 팔던 물건이 있다. 그런데 물가가 엄청 빠른 속도로 오르고 있어서 내일은 2,000원에 팔아도 될 것 같다. 그러면 여러분은 오늘 물건을 내놓고 싶겠나? 그럴 리가 없다. 하루를 묵히면 2,000원에 팔 수 있는데 왜 오늘 1,000원에 파느냔 말이다. 이런 이유로 물가가 오르는 상황에서는 상인들이 물건을 팔려고 하지 않는다. 판매량이 줄어드니 시장에 물건은 희소해지고, 물건이 희소해질수록 가격은 더 오른다. 이걸 만만히 생각해서는 안 된다. 한번 통제 범위를 벗어난 물가는 정말로 잡기 어려우니 말이다.

각국의 중앙은행들이 금리를 올리는 이유는 바로 물가를 잡기 위해서다. 코로나19 사태의 초기 국면, 세계경제가 엄청난 침체에 빠지자 각국 정부와 중앙은행들은 앞다퉈 돈을 풀어 경제를 활성화하려 했다. 우리나라 정부가 재난지원금 등을 지원해 경기를 살리려 노력한 것도 그런 취지에서였다. 문제는 이렇게 돈이 풀리면 물가가 가파르게 오른다는 점이다. 코로나19 사태 후반부에 미국 연준을 비롯한 각국 중앙은행들이 기준금리를 대폭 올린 것도 실은 물가 상승 추세가 심상치 않았기 때문이다.

여기서 한 가지 짚고 넘어가야 할 점이 있다. 대부분 나라의 중앙은행은 정부로부터 완전히 독립한 기관이다. 우리나라 중앙은행인 한국은행도 정부의 입김에 전혀 영향을 받지 않는 독립 기구다. 미국 연준은 두말할 필요조차 없다. 미국 대통령이 아무리 뭐라 하든 연준은 꿈쩍도 하지 않는다. 왜 이런 구조를 만들었는지 생각해 보자. 대통령은 자신이 국정을 운영하는 동안 경제가 좋아지기를 바란다. 그러니 돈을 풀고 싶어 할 수밖에 없다. 만약 중앙은행이 정부 마음대로 움직인다면 기준금리는 계속 낮아지기만 할 테다. 어떤 정부도 높은 금리 탓에 경기가 침체되는 상황을 원하지 않기 때문이다.

중앙은행이 정부로부터 독립한 존재여야 하는 이유가 바로 이것이다. 정부가 돈을 풀고 싶어 하는 본능을 품었다면 중앙은행은 이를 견제할 의무가 있다. 중앙은행의 가장 중요한 임무는 경기 활성화가 아니라 물가를 잡는 것이다. 모르긴 몰라도 지금 세계 그 어느 나라 정부도 미국 연준이 최근 보여 준 자이언트스텝이나 빅스텝을 달가워하지 않았을 것이다. 하지만 중앙은행은 그 일을 해야 한다. 경기 활성화 못지않게 물가를 잡는 일 또한 경제에서 중요하기 때문이다.

빚이 왜 자산일까?

"빚도 **자산이다.**"라는 말이 있다. 자산이라면 뭔가 '좋은 것', '가치 있는 것'이라는 느낌이 드는데, 빚이 자산이라니 좀 이상하지 않은가? 사실 이 말은 회계에서 출발한 개념이다. 우리가 흔히 말하는 '내 돈'뿐 아니라, '빌린 돈'도 내가 당장 쓸 수 있는 돈이라는 점에서 자산으로 분류된다는 것이다. 하지만 여기엔 중요한 조건이 있는데, 바로 그 빚이 어떻게 쓰이느냐에 따라 좋은 빚이 될 수도, 위험한 덫이 될 수도 있다는 점이다.

이번 장에서는 회계의 기본 개념부터 기업들이 왜 대출을 받고, 어떻게 그 빚을 관리하는지를 살펴볼 것이다. '부채비율'이나 'ROA' 같은 경제지표도 함께 익히다 보면, 숫자 뒤에 숨은 기업의 건강 상태가 보이기 시작한다. 경제의 핵심엔 항상 돈의 흐름, 그리고 그 돈을 어떻게 '잘' 빌리고 쓰느냐가 있다는 사실, 지금부터 확인해 보자.

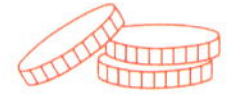

▲ 빚은 재산? 자산?

혹시 '빚도 자산이다.'라는 말을 들어 보았는지 모르겠다. '빚도 재산이다.'라는 비슷한 말도 종종 쓰이지만, 이는 엄밀히 말하면 틀린 표현이다. '자산'이라는 단어는 엄연한 회계 용어인 반면, '재산'은 회계 용어가 아니다. 그래서 이 표현을 쓰려면 빚도 **자산**이라고 정확히 쓰길 권한다.

회계란 돈의 드나듦을 따진 뒤 이를 알아보기 쉽게 기록하는 일을 뜻한다. 여러분이 용돈 기입장이나 가계부를 쓰는 것도 일종의 회계다. 이 회계장부를 쓸 때 기본으로 알아야 할 항목 세 가지가 있다. 자본, 부채, 자산. 대부분은 이 대목에서부터 막힌다. 돈을 왜 세 항목으로 나누는지도 모르겠고, 자본과 자산의 차이도 이해가 안 되기 때문이다. 그래서 이 단계에서 '역시 회계는 나랑 안 맞아.'라고 생각하며 포기하는데, 그런 점이 너무 안타깝다. 딱 한고비만 넘기면 여러분이 나중에 주식 투자를 할 때나 경제 기사를 읽을 때 기업회계에 관해 훨씬 쉽게 이해할 수 있을 거라고 확신한다.

아주 쉽게 이야기해 보겠다. 자본, 부채, 자산 세 항목은 재산의 상태를 표현하기 위해 구분한 세 영역이다. 이 단어들의 뜻을 간단히 풀면 다음과 같다.

자본 = 내 돈

부채 = 빌린 돈

자산 = 내가 쓸 수 있는 돈

이러면 회계가 아주 쉬워진다. 여러분이 지금 사용할 수 있는 모든 돈은 이 셋 가운데 하나로 표시하면 된다. 예를 들어 여러분이 용돈 10만 원을 받았다. 이건 회계장부의 자본 칸에 적는다. 자본이 바로 '내 돈'을 기록하는 항목이기 때문이다. 그럼 친구로부터 빌려서 지금 내 계좌에 있는 돈 1만 원은 어느 칸에 포함될까? 바로 부채다. 부채는 '빌린 돈'을 기록하는 항목이기 때문이다.

이렇게 적고 나서 자산 항목을 보자. 자산 총액이 얼마가 되어야 할 것 같은가? 다시 강조하지만, 자산은 '내가 쓸 수 있는 돈'이다. 여러분의 수중엔 용돈 10만 원(자본)과 빌린 돈 1만 원(부채)을 합해 총 11만 원이 있다. 그리고 이 11만 원은 모두 쓸 수 있는 돈이다. 따라서 내가 쓸 수 있는 돈을 기록하는 자산 칸에는 총 11만 원을 적어야 한다. 이 말인즉 자산(내가 지금 쓸 수 있는 돈)은 내 돈과 빌린 돈을 더한 값, 다시 말해 자본과 부채의 합인 것이다. 회계에서는 언제나 다음과 같은 공식이 성립한다.

$$자산 = 자본 + 부채$$

빚도 자산이라는 말이 바로 여기서 나왔다. 빚은 회계적으로 부채이고, 부채는 자산의 일부다. 부채와 자본을 더해야 자산이 되기 때문이다. 이건 가치판단이 들어가지 않은, 회계 그 자체를 설명하는 건조한 문장이다. '1 더하기 1은 2'처럼 말이다.

▽ 빚은 좋은 것도, 나쁜 것도 아니다

이런 배경을 모른 채 빚도 자산이라는 말만 들으면 빚에 관대해지기 쉽다. '뭔 뜻인지 정확히는 모르겠지만 자산은 좋은 것인데, 빚도 자산이라면 빚이 나쁜 건 아니네.'라고 착각하기 쉽다는 의미다. 하지만 그렇지 않다. 앞서 말했듯 빚도 자산이라는 말은 아무런 가치판단을 포함하지 않는다. 그저 회계적으로 빚(빌린 돈)이 자산(내가 쓸 수 있는 돈)에 포함된다는 의미일 뿐이다.

그런데 여기서 한 가지 더 짚고 넘어가야 할 대목이 있다. 빚을 이유 없이 좋게 생각하면 안 되지만, 이유 없이 나쁘게 생각해서도 안 된다는 점이다. 어른들은 종종 '절대 빚지고는 살지 말라'고 강조하곤 한다. 하지만 빚을 지는 일 자체는 잘못이 아니다. 회계적으로 빚은 자산의 일부니 말이다. 그리고 자산은 내가 쓸 수 있는 돈이라고 했다. 그 돈을 잘 활용해서 더 큰 돈을 만들 수 있다면 빚은 무작정 나쁜 것이 아닐 테다.

예를 들어 보자. 여러분이 지금 전도유망한 사업을 벌여 연 수익을 원금의 최소 10퍼센트 이상 만들 수 있는데, 현재 은행 대출금리는 연 6퍼센트라고 한다. 그렇다면 이때 은행에서 사업 자금을 빌려야 할까, 빌리지 말아야 할까? 당연히 빌려야 한다. 이 경우 은행 돈 1,000만 원을 빌려 사업하면 수익 100만 원을 만들 수 있는데, 여러분이 갚아야 하는 대출이자는 60만 원에 불과하다. 이자를 다 갚고도 40만 원을 남길 수 있다는 말이다. 이러면 계속 은행 돈을 빌려서 사업을 확장하는 게 이익이다. 빚이 꼭 나쁜 게 아닌 이유다.

▲ ROA의 비밀

　기업회계 분석에 쓰이는 지표 가운데 ROA(Return On Assets)라는 게 있다. 우리말로는 '총자산이익률'이라고 부른다. 어렵지 않다. 우선 Assets는 자산, 앞서 배운 대로 내가 쓸 수 있는 돈이다. 여기에는 내 돈(자본)과 빌린 돈(부채)이 모두 포함된다. Return은 순이익으로, 내가 사업을 해서 벌어들인 돈을 뜻한다. 그렇다면 ROA는 내가 쓸 수 있는 돈(자산)을 모조리 투자해서 얼마를 벌었느냐(순이익)를 나타내는 지표라는 말이 된다. 만약 ROA가 10퍼센트라면, 이 회사는 100만 원을 사업에 투자해서 10만 원을 번 셈이다.

　우리나라 대표 기업 삼성전자를 예시로 살펴보자. 삼성전자의 2021년 ROA는 9.92퍼센트였고, 당시 은행 대출금리는 약 3퍼센트였다. 이러면 무조건 돈을 빌려 사업을 확장하는 게 유리하다. 1억 원을 빌려서 사업을 하면 연간 992만 원을 버는데, 은행에 갚아야 할 이자는 300만 원 정도이기 때문이다. 삼성전자의 ROA가 12.72퍼센트로 치솟던 2022년, 대출금리는 4~5퍼센트를 오르내렸다. 대출금리가 올랐지만, ROA 또한 워낙 높았기에 그해에도 삼성전자는 대출로 사업을 확장하는 것이 바람직했다. 한편 2023년은 경우가 좀 달랐다. 삼성전자의 ROA가 3.43퍼센트로 떨어졌기 때문이다. 당해 대출금리는 5~6퍼센트에 이르렀다. 이 경우 은행에서 돈을 빌려 사업하면 손해다. 사업으로 얻는 이익률은 3.43퍼센트인데, 은행 이자는 5~6퍼센트를 물어야 하는 상황이다.

이처럼 빚은 무조건 나쁘거나 좋은 것이 아니다. 상황에 따라 판단해야 한다. 빚을 내 사업을 해서 이자보다 더 높은 수익을 올릴 수 있다면 빚을 통해 사업을 확장하는 것이 좋다. 반면에 빚을 통해 얻는 수익이 이자보다 낮으면 빚은 나쁜 것이 된다. 예를 들어 명품을 사기 위해 빚을 졌다고 하자. 이건 무조건 나쁜 빚이다. 명품이 벌어다 주는 돈은 0원인데, 이자를 갚느라 허덕이기만 해야 하니 말이다. 빚을 질 때 그 빚이 나에게 얼마의 ROA를 가져다줄지 먼저 판단해야 하는 이유다.

▽ 적정한 부채비율

대출은 경제에 크게 두 가지 영향을 미친다. 빚이 많아도 사회 전체의 ROA가 높다면 경제는 오히려 더 빠르게 성장할 수 있다. 반대로 사회 전체의 ROA가 낮아 빚이 기업이나 개인에게 이자 부담으로만 작용한다면 경제가 한꺼번에 확 무너질 수 있다.

재차 강조하지만, 대부분 경제 위기는 빚을 갚지 못해 생긴다. 기업이나 개인이 은행 빚을 갚지 못하면 은행이 망하고, 은행이 망하면 경제가 휘청거리는 탓이다. 그래서 좋은 기업인지 확인할 때는 부채비율이라는 지표를 꼭 살펴봐야 한다. 부채비율은 과연 기업이 빚을 갚을 능력이 충분한가를 판단하는 기준이다. 부채비율을 계산할 땐 다음의 식을 이용한다.

$$부채비율=(부채÷자본)×100$$

부채, 즉 빚은 빌린 돈이다. 빌린 돈을 갚을 때는 당연히 내 돈(자본)으로 갚아야 한다. 빌린 돈이 100만 원일 때 내가 지금 가진 돈도 100만 원이라면 부채비율은 숫자로 1, 퍼센트로 100퍼센트가 나온다. 이런 경우는 매우 안전하다. 황급히 돈을 다 갚아야 할 상황이 와도 내 돈으로 온전히 감당할 수 있기 때문이다.

다시 삼성전자를 예로 들어 보자. 삼성전자의 2023년 부채비율은 25.36퍼센트였다. 매우 낮은 수치다. 부채보다 자본이 3배나 많다는 뜻이니까. 이런 기업은 안전한 정도가 아니라 전쟁 등의 특수한 상황으로 폭삭 망하지 않는 한 빚으로는 절대 어려움을 겪지 않는다. 반면에 호텔신라의 2023년 부채비율은 394.10퍼센트다. 이건 너무 높다. 빌린 돈(부채)이 내 돈(자본)의 네 배에 가깝다. 이러면 요즘처럼 금리가 올라가는 추세에서 이 회사가 매년 갚아야 하는 이자의 액수가 상당히 부담스러워진다. 게다가 이 회사의 2023년 ROA는 2.89퍼센트로 은행 대출금리에도 못 미친다. 이건 위험하다. 어떻게든 부채를 줄여 이자 부담을 덜어 내야 한다.

보통 부채비율이 100퍼센트 언저리면 매우 안정적인 기업으로 본다. 200퍼센트까지도 충분히 버틸 만한 상황이다. 대부분 기업이 한 해 목표를 설정할 때 '부채비율을 200퍼센트 아래로 유지하겠다.'라는 회계적 목표를 내세우는 이유다. 하지만 이 수치가 200퍼센트를 넘기면, 즉 빌린 돈이 내 돈의 갑절을 넘어가면 문제가 발생할 수 있다. 그나마 금리가 낮을 땐 버틸 만하지만, 대출금리가 높아지는 상황에선 더 어려워진다. 앞 장에서 살펴봤듯 코로나팬데믹 이후 기준금리는 빅스텝과 자이언트스텝을 연이어 밟으며 급상승했다. 물론 최근 들어 기준금리가 다시 조금 내려오긴 했지만, 과거 제로 금리를 걱정하던 장기 저금리 시대에 비하면 기준금리는 여전히 높은 편이다. 부채비율이 높은 기업들에게 우려의 시선이 쏠리는 이유다.

그러니 기업을 판단할 때는 과연 그 기업이 얼마나 빚을 잘 활용하고 있는가(아예 빚이 없는 것은 절대 효율적 경영이 아니다), 그리고 적정한 부채비율을 유지하고 있는가를 꼼꼼히 확인해야 한다.

2부:
가자, 투자의 세계로!

위험과 기회가 공존하는 금융시장

투자
투자

금리가 오르는데
왜 채권 가격이 떨어질까?

물가가 오르면 라면 한 봉지 가격도 달라지듯, 금리가 오르면 채권 가격도 달라진다. 그런데 그 방향이 좀 의외다. 금리가 오르면 채권 가격은 오르는 게 아니라 오히려 떨어진다. 이유가 뭘까?

이번 장에서는 채권의 개념부터 가격이 어떻게 형성되는지까지 차근차근

짚어 본다. 채권은 말 그대로 '누군가에게 돈을 빌려줬다는 약속'이고, 이 약속은 시장에서 거래되기도 한다. 쿠폰처럼 이자를 나눠 받는 구조도 있고, 누가 발행했느냐에 따라 신뢰도도 달라진다. 채권의 정체부터 가격이 오르내리는 원리와 이자율, 금리와 신용등급까지 복잡해 보여도 알고 나면 꽤 흥미진진한 이야기 속으로 지금 들어가 보자.

▲ 채권이란 무엇인가?

우리 집 두 아이가 고등학생이던 시절, 국어 시험에 나온 경제 지문을 들고 와서 질문한 적이 있다. 그 당시 두 아이 모두 채권 가격을 이해하는 데서 어려움을 겪었다. 이번에 바로 이 채권의 개념과 가격 형성에 관해 상세히 설명할 참인데, 그에 앞서 여러분이 꼭 새겨 뒀으면 하는 문장을 하나 소개한다.

금리가 오르면 채권 가격은 하락한다.

여러분의 머릿속에 다양한 물음표가 맴돌리라는 사실을 안다. '채권에도 가격이 있나?'라는 의문부터 '채권이 도대체 뭔가?'라는 근본적인 질문까지 떠오를 법하다. 이 글을 읽고 나면 금리가 오를 때 왜 채권 가격이 하락하는지 알게 될 것이다. 하지만 관련 지문이 나올 때마다 오늘의 이야기를 전부 끄집어내기엔 시간이 부족하다. 그러니 일단 좀 외워 뒀으면 한다. 4에 8을 곱한 값은 32다. 구구단을 외워 놓고도 4×8을 계산하며 '4가 8개 있는 셈이니 4를 8번 더해 보자.'라고 생각하는 사람은 없지 않은가? 위의 문장 역시, 자동으로 튀어나오는 '4, 8은 32'처럼 이해가 아니라 암기해야 할 사항이라는 이야기다.

채권이 무엇인지부터 알아보자. 간단히 말해 채권은 내가 누구에게 돈을 얼마 빌려줬는지 증명하는 종잇조각이다(현재는 대부분 온라인에서 전자증권 형태로 거래되지만, 설명의 편의를 위해 종이로 된 실물증권을 예로 들어 이야기하려 한다). 알다시피 돈을 빌려주면 대가로 이자를 받는다. 그래서 이 종잇조각(채권)에는 빌려준 돈의 액수, 이를 갚아야 하는 날짜(상환일), 그리고 얼마만큼의 이자를 받을지가 모두 적혀 있다.

예를 늘어 한국도로공사에서 고속도로를 새로 만든다고 하지. 공사 비용이 부족한 한국도로공사는 채권을 발행하기로 한다. 채권에는 '금 1억 원, 상환일 오늘부터 3년 뒤, 연 이자율 6퍼센트'라고 적혀 있다. 한국도로공사에 돈을 빌려주고 이자를 받고 싶다면, 이 종잇조각을 사면 된다. 1억 원을 낸 사람에게 한국도로공사는 종잇조각 한 장을 줄 것이다. 이것을 가지고 있으면 3년 뒤에 원금 1억 원과 약속한 이자를 돌려받는다.

흥미로운 건 이러한 채권을 시장에서 거래한다는 사실이다. 시장에서 거래된다는 말은 채권에 가격이 있다는 뜻과 같다. 이를 제대로 이해하기 위해서는 앞서 말한 채권의 이자에 관해 자세히 알아볼 필요가 있다.

1억 원짜리 채권을 연 이자율 6퍼센트에 사면, 논리적으로는 3년 뒤 원금 1억 원과 3년 치 이자 1,800만 원(600만 원×3)을 받는다. 그런데 실제 거래는 이와 좀 다르다. 이자를 3년 뒤 한꺼번에 받는 게 아니라 매월, 매 분기, 매년 등 약속한 주기로 나눠 받는 것이 일반적이다. 매월 이자를 받기로 했다면 1,800만 원을 36개월분으로 나눠 달마다 받는 거다. 한 달에 50만 원씩 이자를 챙기는 셈이다.

<h2>▽ 오르내리는 채권의 가격</h2>

채권에도 여러 종류가 있지만 가장 일반적인 채권은 이표채(利票債) 혹은 쿠폰채(coupon bond)라고 불리는 것이다. 그 실물이 어떻게 생겼냐면 투자 금액, 상환일, 이자율이 적힌 종이 밑에 중국집이나 피자집 광고물에서 볼 법한 쿠폰이 조르르 붙어 있다. 쿠폰은 절취선을 따라 한 장씩 뜯기고, 이 쿠폰이 이자를 받을 권리를 증명한다.

1억 원을 내고 한국도로공사의 채권에 투자한 뒤, 한 달이 지나서 채권에 붙은 쿠폰을 한 장 뜯어 한국도로공사에 내민다. 그러면 한국도로공사는 '쿠폰 한 장 가져오셨으니 50만 원 내드립니다.'라면서 이자를 준다. 생각해 보자. 내가 처음 채권을 받던 순간에는 쿠폰이 무려 36장이나 붙어 있었다. 한 달이 지나 쿠폰 하나를 뜯어 썼으므로 쿠폰은 35장으로 줄어든다. 1년이 지나면 쿠폰 12장을 썼을 테니 쿠폰은 24장이 남을 것이다. 이때 마침 돈이 필요한 내가 한국도로공사 채권을 시장에 내놓기로 한다. 그럼 쿠폰 36개가 전부 붙어 있는 채권이 더 가치가 있겠나, 쿠폰이 24개밖에 안 남은 채권이 더 가치가 있겠나? 당연히 전자의 가치가 더 높다. 채권이 시장에 거래될 때 사용 가능한 쿠폰 숫자가 매우 중요하다는 이야기다. 이게 채권의 가격이 변하는 첫 번째 이유다.

채권 가격에 영향을 미치는 두 번째 요소는 바로 금리다. 금리란 원금에 붙는 이자의 비율을 말한다. '금리=이자'라고 생각하면 간단하다. 그런데 금리 개념과 채권 가격을 함께 이야기하는 순간 수많은 사람이 대혼란을 겪는다.

금리는 곧 이자라고 했다. 금리가 오른다는 말은 빌려준 돈에 이자가 이전보다 더 많이 붙는다는 뜻과 같다. 그렇다면 당연히 채권에 붙는 이자도 커질 것이므로 금리가 오를 때 채권의 가치가 높아지는 게 정상인 듯 보인다. 그런데 우리는 '금리가 오르면 채권 가격은 하락한다.'라고 암기했다. 왜 그럴까?

그 이유는 내가 산 채권의 금리가 이미 고정돼 있기 때문이다. 앞서도 말했지만 보통 발행하는 채권은 이표채, 즉 쿠폰이 붙은 채권이다. 거기엔 애초 채권을 발행할 때 약속한 이자율이 적혀 있다. 이건 절대 변하지 않는 수치다. 금리가 오르건 내리건 상관없이 내가 산 한국도로공사 채권의 이자율은 처음과 같이 연 6퍼센트라는 이야기다.

이런 상황에서 시중금리가 8퍼센트로 올랐다고 가정해 보자. 새로 발행하는 채권의 쿠폰에는 이자율이 연 8퍼센트 이상으로 적혔을 테다(그래야 사람들이 채권에 투자할 것이므로!). 하지만 슬프게도 내 채권의 금리는 여전히 연 6퍼센트다. 이런 상황에서 채권을 팔려고 내놓으면 사람들이 연 6퍼센트의 이자를 주는 채권을 더 좋아할까, 연 8퍼센트의 이자를 주는 채권을 더 좋아할까? 당연히 후자를 좋아한다. 그래서 이자율 6퍼센트짜리 채권은 수요가 줄고, 가격도 하락한다. '금리가 오르면 채권 가격은 하락한다.'라는 명제가 성립하는 이유다.

채권 가격에 영향을 주는 마지막 요소는 채권을 발행한 기업의 안정성이다. 채권의 가장 큰 위험은 내가 돈을 빌려준 기관이 망하는 것이기 때문이다. 한국도로공사에 1억 원을 빌려줬는데 만기가 오기 전에 이곳이 망했다고 생각해 보라. 이러면 쿠폰을 아무리 들이밀어도 이자를 못 받는다. 이자는커녕 만기가 지나도 원금조차 받을 수 없다. 팔려고 내놓은 채권은 헐값이 된다. 아무도 그 채권을 사려 하지 않기 때문이다.

그래서 채권에 투자할 때는 채권 발행 기업의 안정성을 매우 중요하게 여겨야 한다. 만약 안전한 곳에서 발행한 채권이라면 이자율도 비교적 낮은 편이다. 돈을 돌려받을 확률이 높은 대신 이자는 좀 덜 받는다. 반면에 안정성이 낮은, 즉 망할 가능성이 상대적으로 큰 곳에서 발행하는 채권은 이자율도 높다. 위험을 감수하는 대신 이자라도 많이 받아 가는 거다. 하지만 이자율이 높다는 점에 혹해서 후자에 덜컥 투자했다가 회사가 망하기라도 하면, 이자는 물론 원금까지 날릴 가능성이 있다는 사실을 잊지 말아야 한다.

▲ 채권을 어떻게 믿고 투자할까?

다양한 채권 종류를 대표하는 두 축이 바로 국채와 회사채다. 결정적 차이는 안정성이다. 일반적으로 국채가 회사채보다 안정적이다. 나라가 망할 가능성이 일반 회사가 망할 가능성보다 훨씬 작기 때문이다. 따라서 보통 국채의 금리기 회사채의 금리보다 닞은 편이다.

가장 안정적인 국채는 무엇일까? 당연히 미국 국채다. 세상에서 제일 안 망할 것 같은 나라가 미국이라서 그렇다. 실제 세계시장에서 가장 인기 있는 국채도 바로 미국 국채다. 물론 국채라고 다 안정적인 건 아니다. 나라 자체가 불안정한 경우도 얼마든지 있기 때문이다. 예를 들어 아르헨티나는 2001년에 약 1,000억 달러, 당시 우리돈으로 130조 원에 육박하는 엄청난 채권에 채무불이행을 선언했다. '우리는 그 돈 못 갚아요.'라고 뻔뻔하게 나온 것이다.

　아르헨티나가 채무불이행을 선언한 뒤 당연하게도 이 나라 국채 가격이 폭락했다. 채권을 들고 가도 돈을 안 돌려준다는데 그 종잇조각을 누가 사겠는가? 그런데 금융의 세계는 참으로 오묘한 구석이 있어서, 헐값 채권만 사들여 돈을 악착같이 받아 내는 사람들이 존재한다. 미국계 펀드 엘리엇매니지먼트는 폭락한 아르헨티나 국채를 쓸어 담은 뒤 100퍼센트에 이르는 금액을 회수해 엄청난 수익을 챙겼다. 소송을 통해 아르헨티나 정부를 압박하는 한편, 가나에 정박한 아르헨티나 군함을 압류하는 수를 쓴 결과다. 심지어 이들은 아르헨티나 대통령 전용기까지 압류하려 했고, 이를 못 이긴 아르헨티나 정부가 돈을 갚고 말았다는 전설 같은 이야기다. 하지만 모두가 이런 식으로 돈을 받아 낼 순 없는 노릇이니, 투자에 유의해야 한다.

　한편 앞서 예로 든 한국도로공사 채권은 회사채의 일종이다. 신용평가기관에서 이런 채권의 안정성을 평가한다. 기업이 사채를 발행할 때 원리금을 갚는 능력에 따라 안전한 기업일수록 높은 점수를, 반대로 위험할수록 낮은 점수를 받으며 이를 '회사채신용등급'이라고 한다. 회사채신용등급은 AAA, AA+, AA, AA-, A+, A, A-, BBB+, BBB, BBB-, BB+, BB, BB-, B, CCC, CC, C, D 등 총 18등급으로 나뉜다. 사실 C등급부터는 너무 위험한 기업이라 채권을 발행할 기회조차 얻지 못하는 경우가 대부분이다. 곧 문 닫을 것 같은 회사에 돈을 빌려

줄 사람은 없기 때문이다.

　한국도로공사는 나라가 소유한 공기업이므로 망할 확률이 매우 낮은 기업이라는 신뢰를 받는다. 그만큼 회사채신용등급도 최상위급인 AAA나 AA+ 수준이다. 우리나라에서 가장 큰 기업인 삼성전자의 경우 국제적인 신용평가기관에서 매기는 회사채신용등급이 AA에서 AA- 를 오간다. 이 정도만 해도 매우 높은 편이다. 미국 거대 기업 가운데 하나인 애플은 회사채신용등급으로 AAA 혹은 AA+를 받는 편이다. 최고의 회사답게 회사채신용등급도 최고 수준인 셈이다.

미래의 가치를
지금 사고팔 수 있다고?

여러분이 농부라고 상상해 보자. 올가을에 수확할 배춧값이 폭락할까 봐

걱정된다면? 그래서 봄에 도매상과 미리 계약을 맺는다. "가을에 배추

1,000만 원어치 납품하겠습니다!" 배추는 아직 밭에 있지만, 돈 이야기는

벌써 끝난 셈이다. 이런 거래를 '선물'이라고 부른다.

그런데 이 선물, 요즘은 배추보다 주가지수를 사고파는 데 더 많이 쓰인다. 미래의 가격을 예측해 지금 거래하는 셈인데, 누군가가 이기면 누군가는 반드시 지는 구조다. 위험을 피하려 만든 거래가 어쩌다 '국가 공인 도박장'이라 불리게 됐을까? 지금부터 그 이야기를 해 보자.

▲ 선물의 의미와 밭떼기 거래

지금은 사라졌지만, 과거에는 'LG선물'이라는 회사가 있었다. 이름에서 알 수 있듯 LG그룹의 계열사였다. 이 회사에는 명절 때만 되면 '지인들에게 명절 선물을 돌리려고 하는데, 견적 좀 부탁드려요.'라는 내용의 문의 전화가 쏟아졌다. 이에 LG선물 직원들은 '저희는 그런 선물을 파는 회사가 아니고 금융 상품인 선물을 다루는 곳입니다.'라고 설명하느라 진땀을 빼야 했다.

여기서 피식 웃었다면 당신은 최소한 선물(膳物, gift)과 선물(先物, futures)의 차이를 아는 사람이다. 물론 몰라도 상관없다. 이번에 배우면 된다. 사실 선물의 개념은 매우 어려워서 투자하는 사람들조차 그 원리를 정확히 알지 못한다.

한자(先物)와 영어(futures)에서 드러나듯 금융 상품 '선물'은 말 그대로 미래와 관련이 있다. 미래 어느 시점에서 거래될 상품을 현재 시점에서 미리 거래하는 것이 선물이다. 쉬운 이해를 위해 지금도 농촌에서 종종 이뤄지는 '밭떼기 거래'를 살펴보자.

농작물을 재배해 판매하는 농민들이 일상적으로 겪는 위험이 있다. 바로 날씨 등의 영향으로 수확기 농산물 가격이 폭락할 가능성이다. 물론 반대로 가격이 폭등할 수도 있다. 마침 수확할 때 가격이 오르면 다행이지만, 누구도 이를 장담할 수는 없다는 게 문제다. 팔아야 할 농산물의 가격이 폭락하면 농민들은 한 해 계획을 완전히 망치고 만다. 이런 위험을 피하고자 농민들은 수확하기 한참 전인 봄에 농산물을 사 줄 중간도매상들과 미리 거래한다. '김 씨네 밭에서 올가을 생산될 농산물 전체를 1,000만 원에 도매상 박 씨에게 넘긴다.'라고 약속하는 식이다. 수확하지 않은 미래의 농산물을 미리 사고파는 일이 바로 '선물거래'다.

만약 그해에 흉년이 들어 실제 생산된 농산물이 700만 원어치밖에 안 되더라도 이를 미리 1,000만 원에 팔기로 한 농민 김 씨는 손해를 피한다. 약속대로 1,000만 원을 받을 수 있기 때문이다. 이와 반대로 그해 풍년이 들어 생산된 농산물이 1,300만 원어치가 되면 농민 김 씨는 300만 원 손해를 본다. 1,300만 원어치 농산물을 약속대로 1,000만 원에 넘겨야 하기 때문이다. 손해가 날 수도 있는 거래를 굳이 하는 이유는, 미래의 위험을 줄이기 위해서다. 전자의 경우 농민 김 씨는 300만 원 이익을 봐서 좋고, 후자의 경우는 손해를 보긴 해도 최소한 '내가 올해 농사로 1,000만 원은 벌 수 있어.'라는 점이 확정되어 좋다. 한마디로 선물은 가격 변동으로 인한 위험을 줄이기 위해 만들어진 거래 방식이라는 이야기다.

전통적 의미의 선물거래가 세계에서 가장 많이 이뤄지는 곳은 미국 시카고에 있는 시카고거래소(CBOT, Chicago Board of Trade)다. 시카고선물거래소라고도 불리는 이곳은 1848년에 설립됐다. 미국에서 가장 오래된 선물거래소고, 옥수수·대두·밀 등 주요 곡물의 선물 거래량도 세계에서 가장 많다. 시카고는 거대한 호수를 끼고 있는 도시여서 예로부터 드넓은 미국 중서부 농작지에서 산출되는 곡물이 대거 모였다. 이곳에서 수많은 곡물을 거래하다 보니, 널뛰는 곡물 가격에 손해를 보는 사람들이 생겼다. 그래서 농산물 선물거래가 시작됐다. 전 세계 곡물 선물거래의 절반 이상이 이곳에서 이뤄진다.

'저는 농민도 아니고 곡물 거래에 관심도 없어요.'라고 할 수 있다. 그래도 우리는 선물에 관해 알아야 한다. 곡물 거래에서 시작된 선물이 주식으로 확산해 주식시장에서도 광범위하게 거래되기 때문이다.

▽ 전망의 차이로 갈리는 희비

문제는 금융시장으로 넘어온 선물거래가 애초의 취지, 즉 위험을 회피한다는 본연의 뜻이 거의 사라진 채 도박장처럼 살벌하게 운영된다는 점에 있다. 금융시장에서 이루어지는 선물거래는 다음과 같은 방식이다. 현재 종합주가지수가 1,000이라고 가정하자. 모든 선물거래에는 만기일이 있다. 밭떼기 거래를 3월에 체결했다면, 이때 만기일도 함께 정한다. 농산물을 수확하는 10월 1일을 만기일로 두는 식이다. 10월 1일이 되면 농민은 중간도매상에게 수확한 작물을 넘기고 돈을 받는다. 돈은 무조건 약속한 1,000만 원만 받는다.

한편 국내 주식 선물거래 만기일은 1년에 네 번(3월·6월·9월·12월의 두 번째 목요일)이다. 2025년 9월의 만기일은 9월 11일이다. 이 선물을 7월 1일에 사고판다고 가정해 보자. 7월 1일 시점으로 두 명의 투자자가 있다. 투자자 A는 만기일인 9월 11일, 주가지수가 지금보다 오를 것으로 추측한다. 반면에 투자자 B는 만기일 주가지수가 지금보다 하락할 것이라고 예상한다. 이때 두 투자자가 9월 11일 코스피지수를 7월 1일 가격으로 미리 사고파는 계약을 체결한다. 주가가 오르리라고 예상하여 선물을 산 A를 매수자라고 부른다. 파는 사람은 주가가 하락할 것으로 예측한 B, 즉 매도자다. 이렇게 매수자와 매도자가 맺어지면 주가지수 선물거래가 이뤄진다.

이 거래를 지금 시점, 즉 7월 1일의 가격으로 체결한다는 점이 중요하다. 이런 희한한 거래가 성사되는 이유는 두 사람의 '전망'이 다르기 때문이다. 9월 11일에 지수가 지금보다 오를 것이라고 예상하는 매수자 A는, 지금 가격인 주가지수 1,000에 지수를 살 수만 있다면 이득이라고 판단한다. 9월 11일 주가지수가 1,200으로 오른다면 A는 1,200짜리를 1,000에 산 셈이므로(이미 이렇게 약속했다.) 200이나 이익을 보기 때문이다.

반대로 B는 9월 11일 주가지수가 하락할 것으로 전망하고 선물거래에서 매도자 역할을 맡았다. 만약 B의 예상대로 만기일에 주가지수가 800쯤으로 떨어졌다고 가정해 보자. 하지만 B는 약속대로 이걸 1,000에 팔 수 있다. 800짜리를 1,000에 파니 얼마나 기쁜가? 이 거래로 B는 200의 이익을 본다.

여기서 또 한 가지 중요한 지점이 나온다. A(매수자)와 B(매도자)의 이해관계가 정반대에 있다는 점이다. 만약 선물거래 만기일에 주가지수가 1,200으로 올라 A가 200의 이익을 얻었다고 하자. 이 200은 B가 물어 주는 셈이다. B는 만기일에 1,200이 된 주가지수를 약속대로 눈물을 머금고 1,000에 팔아야 하기 때문이다. 1,200짜리를 1,000에 팔게 되니 200이 손해인데, 그 200은 매수자인 A의 이익이 된다.

반대로 만기일에 주가지수가 800으로 떨어져서 B가 200의 이익을 봤다면 이 200을 물어 주는 사람은 A다. 만기일에 800으로 떨어진 주가지수를 약속 한 번 잘못한 대가로 1,000이라는 비싼 가격에 울며 겨자 먹기로 사야 하기 때문이다. 역시 200이 손해인데, A의 200은 매도자인 B에게 전달된다.

▲ 선물, 위험한 도박이 되다

주식시장이 본래 시장이라면 선물시장은 주식시장에서 파생된 아류다. 그런 의미에서 선물시장 같은 것들을 파생금융상품이라 부른다. 파생금융상품을 대표하는 것이 바로 선물이다. 그런데 이 선물시장에는 '국가가 공인한 최대 규모의 도박판'이라는 묘한 별칭이 붙어 있다. 앞서 봤듯 이 거래가 도박과 너무 비슷하기 때문이다.

7월 1일에 주가지수 선물거래를 한 A와 B는 결국 '만기일인 9월 11일에 주가지수가 오를 것이냐 내릴 것이냐?'를 두고 내기를 한 셈이다. 그리고 만기일이 돼서 내기 결과가 나오면 내기에서 진 쪽의 계좌에서 진짜로 돈이 쑥 빠져나가 이긴 쪽 계좌로 흘러 들어간다. 도박과 다를 게 거의 없다. 애초에 위험을 회피하기 위해 선물을 만들었는데, 그 진행 방식이 도박판과 비슷한 형태가 되어 언제부턴가 세계에서 가장 위험한 금융시장으로 변질했다.

포지티브섬게임(positive-sum game)과 제로섬게임(zero-sum game)이라는 개념이 있다. 섬(sum)이란 알다시피 '합계'라는 뜻의 영단어다. 포지티브섬게임 참가자들의 이익을 다 합하면 양수(陽數, positive number) 값이 나온다. 반면에 제로섬게임은 참가자들의 이익을 다 합치면 반드시 제로(0)가 된다. 대표적 포지티브섬게임이 주식시장이다. 주가가 오르면 참가자들 모두가 돈을 벌기 때문이다. 그런데 선물시장은 전형적인 제로섬게임이다. 누군가가 돈을 따면, 반드시 그 액수

만큼 누군가가 돈을 잃는다.

다음 장에서 우리는 펀드에 관한 이야기를 할 예정이다. 남의 돈을 위임받아 전문적으로 투자하는 사람을 펀드매니저라고 부르는데, 이들 펀드매니저 가운데는 유명한 사람이 매우 많다. 주식 투자로 세계에서 가장 큰돈을 번 미국 투자회사 버크셔해서웨이(Berkshire Hathaway)의 수장 워런 버핏을 비롯해 (지금은 은퇴했지만) 전설의 주식 투자자로 불리는 피터 린치, 북한 투자에 지대한 관심을 보이는 짐 로저스 등이 특히 유명하다.

하지만 선물투자자 가운데는 이런 명성을 가진 이가 드물다. 첫 번째 이유는 워낙 변화무쌍한 선물시장의 도박성 탓에 큰 성공을 거둔 인물이 얼마 지나지 않아 바로 몰락해 버리는 경우가 적지 않아서다. 두 번째 이유는 원한 관계(!)다. 선물시장에서 돈을 많이 벌었다는 것은 그만큼 남의 돈을 많이 빼앗았다는 의미다. 이런 이유로 선물시장의 고수들은 자기 이름이 널리 알려지는 것을 원치 않는다. 원수를 진 사람이 많은 탓이다.

그래서 우리나라 주가지수 선물시장에서는 본명보다 별명으로 널리 알려진 사람들이 많다. 선물시장 초창기 큰돈을 번 고수는 대신증권 목포지점장 출신인 장기철 씨로, 이 사람은 본명보다 '목포 세발낙지'라는 별칭으로 훨씬 유명했다. 2세대 고수라 불리던 윤강로 씨도 '압구정동 미꾸라지'라는 별칭으로 오랫동안 알려졌다. 그 밖에도 '홍

콩 물고기'니 '일산 가물치'니 하는 별칭의 고수들이 선물시장에서 주목받았는데, 지금은 행적이 묘연하다. 도박성이 짙은 선물시장에서 장기적인 성공을 거두기가 쉽지 않다는 이야기다.

내 돈을 대신 쪼개서
키워 주는 사람이 있다?

펀드는 내 돈을 대신 쪼개서 불려 주는 전문가들이 있는 곳이다. 주식이나 채권을 직접 사고팔지 않고, 대신해 주는 사람들에게 돈을 맡기는 '간접투자' 방식이다.

어렵고 복잡하다고 생각할 수도 있지만, 실제로 펀드는 그렇게 복잡하지 않다. 중요한 건 '어디서' 가입하는지보다 '누가' 내 돈을 운용하는지다. 은행이나 증권사는 펀드를 팔고, 자산운용사가 돈을 불려 준다는 사실을 알면, 이제 펀드의 진짜 의미가 보일 것이다.

자, 그럼 펀드가 어떻게 내 돈을 키우는지, 그리고 어떤 점을 꼭 확인해야 하는지 한번 알아보자!

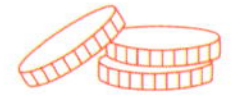

▲ 펀드의 본질?

펀드가 무엇인지 정도는 아는 독자도 있을 테다. 몰라도 상관없다. 개념 자체는 이해하기 쉽고 간단하니까. 펀드란 투자 전문 기관이 투자자로부터 돈을 받아 대신 운용해 주는 금융 상품을 말한다. 펀드에 가입해 돈을 내면 펀드매니저라 불리는 전문가들이 그 돈으로 주식도 사고 채권도 사서 내 자산을 불려 준다. 내가 직접 투자하는 것이 아니기에 이런 투자를 간접투자라고 부른다.

펀드의 개념은 이처럼 간단하지만, 많은 사람이 그 본질을 알지 못한다. 펀드에 가입했다는 사람에게 "무슨 펀드에 가입했어?"라고 물으면 엉뚱하게도 "국민은행에서 가입했어."라는 답이 돌아올 때가 있다. '어떤 펀드에 가입했는지' 물었는데 답하는 사람은 '어디에서 가입했는지'를 말하는 것이다. 이 차이는 매우 중요하다. 펀드를 판매하는 곳과 운용하는 곳이 다르기 때문이다. 한 가지 짚고 넘어갈 점은, 돈을 굴리는 일을 뜻하는 단어가 '운영'이 아니라 '운용'이라는 것이다. 운영(運營)은 조직이나 단체를 관리하는 경우에 쓰이는 말이고 운용(運用)은 돈이나 물건, 제도 등을 관리한다는 의미다. 따라서 펀드는 '운영'하지 않고 '운용'한다.

펀드 가입은 대부분 은행이나 증권사에서 진행한다. 하지만 내가 맡긴 돈을 굴려 주는 곳은 은행이나 증권사가 아닌 자산운용사라 불리는 회사다. 백화점에서 TV를 산다고 생각해 보자. 롯데백화점에서 살 수도 있고 신세계백화점에서 살 수도 있을 테다. 그런데 그게 중요한가? 구매한 TV를 자랑할 때 "이 TV 롯데백화점에서 산 거야!"라고 말할 리가 없지 않은가? 자랑하려면 브랜드를 언급해야 한다. "이 TV, LG전자 제품이야."라고 말이다. 이것이 바로 판매사와 운용사의 차이다. 판매사는 말 그대로 펀드 상품을 창구에서 파는 곳이다. 은행이나 증권사가 여기에 해당한다. 반면에 운용사는 투자금을 직접 굴려서 돈을 벌어다 주는 곳이다.

따라서 펀드에 가입할 때 중요하게 봐야 할 부분은 판매사가 아닌 운용사다. 그러니 "나 국민은행에서 펀드 가입했어. 믿음직하지?"라는 문장은 엉망진창이다. 이 말은 "나 이마트에서 TV 샀어. 좋은 TV 같지?"라고 말하는 일과 마찬가지다.

펀드에 가입할 때 또 한 가지 중요하게 고려해야 할 요소는 펀드매니저다. 펀드매니저는 내가 투자한 돈을 운용하는 전문가다. 미국의 투자회사 버크셔해서웨이 회장인 워런 버핏이나 '전설의 투자자'라고 불리는 피터 린치 같은 이가 모두 펀드매니저다. 이 펀드매니저가 소속된 회사도 은행이나 증권사가 아닌 자산운용사다. 그러니 좋은 펀드에 가입하고 싶다면 어떤 자산운용사에서 어떤 펀드매니저가 투자금을 운용하는지 살펴야 한다. 이때 간접투자라고 해서 아무런 공부도 하지 않은 채 돈만 내면 되는 건 절대 아니다. 최소한 내가 어떤 투자 철학을 지닌 펀드매니저에게 자산을 맡기는지는 알아야 한다. TV 한 대를 살 때도 인터넷으로 관련 정보를 잔뜩 검색하지 않는가? 하물며 내 소중한 돈이 오가는 일에 그 정도의 정성도 쏟지 않는 것은 어불성설이다.

펀드 가입을 위해 은행에 가면 창구 직원이 수많은 펀드 상품을 보여 준다. 그 가운데 하나를 고르라는 거다. 이때 창구 직원이 "요즘은 이 펀드가 잘 나가요."라고 권하기도 한다. 그게 옳은 추천일 수도 있지만, 살짝 조심해야 할 대목이 있다.

▽ 수수료의 비밀

펀드에 가입하면 수수료를 낸다. 금융권에서는 이를 보수(報酬)라고 부른다. 펀드 종류마다 조금씩 다르지만 보통 연 1.5퍼센트 정도의 금액으로 책정한다. 투자금으로 1억 원을 맡겼다면 매년 150만 원을 '내 돈을 대신 굴려 줘서 고맙습니다.'라는 의미로 내는 거다. 만약 내가 투자한 펀드가 망해서 수익률이 마이너스가 됐다고 해 보자. 이런 때도 보수를 낼까? 매우 억울하겠지만 약속한 보수는 내야 한다. 수익이 마이너스라고 해서 내 돈을 안 굴려 준 게 아니기 때문이다.

흥미로운 사실은 내가 낸 보수를 통상적으로 자산운용사보다 판매사가 더 많이 가져간다는 점이다. 우리나라에서 꽤 유명한 펀드로 '신영마라톤증권자투자신탁'(약칭 마라톤 펀드)이 있다. 역사가 오래된 데다가 성과도 나쁘지 않다. 운용사는 신영자산운용이다. 이 펀드의 보수율은 C형 기준 연 1.49퍼센트인데, 보수 구조를 뜯어 보면 내가 낸 돈 1.49퍼센트 가운데 3분의 2에 해당하는 1퍼센트를 판매사가 가져간다. 정작 내 돈을 굴려 준 자산운용사는 3분의 1에도 못 미치는 0.46퍼센트만 갖는다(나머지 0.03퍼센트는 관련한 소규모 기관들이 나눠 갖는다). 만약 내가 이 펀드를 우리은행에서 가입했다면 우리은행이 보수의 3분의 2를 먹고, 신영자산운용은 3분의 1만 가져가는 셈이다.

이상하지 않은가? 내 돈을 불려 준 건 판매사가 아니라 운용사인데! 이 말인즉슨 이마트에서 매일우유가 잘 팔릴 때 우유 제조사인 매일유업보다 판매사인 이마트가 더 큰 돈을 가져갈 수 있다는 뜻이다. 이런 희한한 구조가 만들어진 이유는 우리나라에서 판매사의 힘이 위낙 세기 때문이다. 전국에 깔린 게 4대 은행(KB국민·신한·하나·우리)이니, 은행에서 어떤 펀드를 밀어주느냐에 따라 자산운용사의 운명이 갈린다. KB국민은행이 압도적으로 잘나가던 시절 펀드 시장에서는 'KB국민은행이 밀어주는 펀드가 무조건 판매율 1위다.'라는 말이 나돌았을 정도다.

한편 '한국밸류10년투자증권투자신탁 1호'(약칭 밸류 펀드)라는 펀드가 있다. 역시 역사도 오래됐고 평가도 나쁘지 않다. 이 펀드(A형 기준)의 1년 보수율은 1.504퍼센트다. 방금 살펴본 마라톤 펀드와 비슷하다. 그런데 이 펀드는 이례적으로 판매사 보수율(0.7퍼센트)보다 운용사 보수율(0.76퍼센트)이 높다. 판매사 직원에게 펀드를 권유받을 때 신경 써야 할 대목이 바로 이 부분이다. 여러분이 은행원이라고 생각해 보자. 마라톤 펀드와 밸류 펀드 가운데 무엇을 더 팔고 싶을까? 당연히 마라톤 펀드다. 이걸 팔면 보수의 1퍼센트가 은행에 떨어지는데, 밸류 펀드를 팔면 0.7퍼센트만 은행 몫이기 때문이다. 창구 직원이 펀드를 권하면 진짜 좋은 펀드여서 권하는 건지, 아니면 판매사 보수율이 높아서 권하는 건지 확인해야 한다는 말이다.

▲ 펀드에도 성격이 있다

마지막으로 펀드의 종류를 살펴보자. 펀드의 종류는 수백 가지에 이른다. 그 가운데 인덱스펀드와 리버스펀드는 다음 장에서 소개할 예정이다. 이번에는 펀드의 기본 골자를 이루는 주식형·채권형·혼합형 펀드에 관해 알아보자. 세 펀드를 구분하는 방법은 간단하다.

주식형펀드는 투자금의 60퍼센트 이상을 주식에 활용해서 수익을 낸다. 말이 60퍼센트지 보통 90퍼센트 가까이 주식에 투자한다. 주식에만 투자하는 펀드라고 봐도 무방하다. 채권형펀드는 채권에 60퍼센트 이상 투자한다. 이 역시 채권에만 집중적으로 투자한다고 이해하면 된다. 우리는 채권에 관해 이미 배웠으니 채권의 가격이 오르내린다는 사실을 알고 있다. 채권의 가격 변동을 이용해 돈을 버는 것이 채권형펀드다.

주식형펀드는 수익률 변동이 매우 큰데, 채권형펀드는 수익률 변동이 심심할 정도로 일정하다. 주가의 오르내림에 비해 채권 가격 변동 폭은 아주 작기 때문이다. 큰 수익을 노려 모험을 하고 싶으면 주식형펀드, 비교적 안전히게 투자하고 싶으면 채권형펀드를 선택한다. 혼합형펀드는 둘의 중간 지점에 있는 펀드로, 주식과 채권 모두 60퍼센트를 초과하여 투자할 수 없다. 주식과 채권이 각각 60 대 40 혹은 50 대 50 정도의 비중을 차지한다. 주식의 수익성과 채권의 안정성을 섞은 셈이다.

'그럴 거면 내가 직접 주식형펀드에 절반, 채권형펀드에 절반 투자하지 왜 굳이 혼합형펀드에 가입하나요?'라는 질문을 던질 수 있다(이런 질문을 할 줄 아는 정도면 투자에 소질이 있는 독자다!). 일리 있는 지적이다. 그런데 혼합형펀드는 내 손으로 투자금을 나눠 운용하는 것과 다른 이점이 있다. 주식과 채권에 각각 절반씩 투자하는 혼합형펀드를 예로 들어 보자. 처음엔 당연히 반반씩 투자했을 테다. 하지만 시간이 지나면서 이 비중은 자연스럽게 변한다. 투자한 주식의 주가가 급등했다면 아무 조치를 하지 않아도 50퍼센트던 주식 투자 비중이 60퍼센트나 70퍼센트로 올라갈 수 있다는 뜻이다. 이러한 현상을 그냥 내버려두지 않는 것이 바로 혼합형펀드의 특징이다.

혼합형펀드는 분기마다, 혹은 반기(한 해의 반)마다 투자금의 비중을 조정한다. 주식 투자 비중이 70퍼센트가 됐다면 이 가운데 일부를 팔고 채권을 추가로 사서 5 대 5의 비율을 재차 맞춘다. 보통 주식 투자를 할 때 저지르는 가장 흔한 실수가 주가가 오를 때 '더 오르겠는데?'라는 생각에 투자금을 늘리는 것이다. 또 다른 실수는 주가가 내릴 때 '망했어, 지금 그냥 팔아 버리자.'라며 주식을 파는 것이다. 이러면 돈을 벌 수가 없다. 돈을 벌려면 주가가 내릴 때(쌀 때) 사고, 오를 때(비쌀 때) 팔아야 한다. 하지만 대부분 사람은 주가가 오르면 사고(더 오를 것 같으니까), 주가가 내리면 판다(더 떨어질 것 같으니까).

혼합형펀드는 이런 실수에서 비롯한 손해를 막아 준다. 주가가 오르면 주식 투자 비중이 채권 투자에 비해 높아졌으므로 펀드매니저는 주식을 팔아 이익을 챙긴다. 주가가 내리면 주식 투자 비중이 채권 투자보다 낮아졌으므로 채권을 팔아서 주식을 더 산다. 이렇게 하면 주가가 쌀 때 사고, 비쌀 때 파는 일이 자연스럽게 이뤄진다. 혼합형펀드에는 이런 장점이 있어서 주식형펀드보다 훨씬 안전하다고 평가받는다. 채권형펀드가 심심하게 느껴지지만 주식형펀드에 바로 들어가기에는 좀 겁이 나는 투자자들에겐 괜찮은 대안이다.

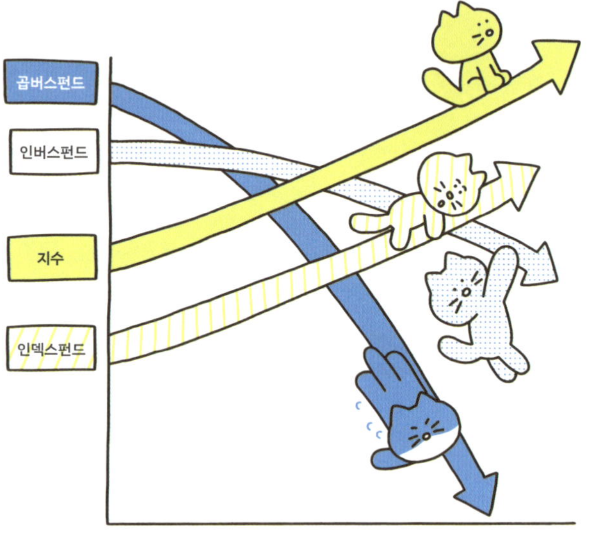

수익을 내도
실패인 투자가 있다?

주식으로 돈을 벌었는데도 실패한 투자라고? 이상하게 들릴지 모르지만, 실제로 그런 일이 자주 일어난다. 어떤 펀드는 수익이 났는데도 "왜 이걸 샀지…" 싶은 후회가 밀려온다. 이유는 간단하다. 코스피지수는 훨씬 더 많이 올랐기 때문이다.

요즘은 지수를 그대로 따라가는 펀드도 있다. 코스피지수가 오르면 펀드 수익률도 오르고, 지수가 떨어지면 펀드도 떨어지는 방식이다. 이름하여 '인덱스펀드'다. 거꾸로 움직이는 '인버스펀드', 두 배로 움직이는 '곱버스펀드'도 있다. 듣기만 해도 신기한 이 펀드들, 과연 어떻게 움직이고 왜 만들어졌을까? 이번 장에서 그 비밀을 함께 파헤쳐 보자.

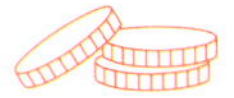

▲ 주식을 954종목이나 사라고?

포트폴리오(portfolio)라는 용어가 있다. 여러 방면에서 다양한 의미로 쓰이는데, 투자 분야에서는 개인이나 금융기관이 보유한 각종 금융자산의 명세표를 뜻한다. 예를 들어 내가 삼성전자와 SK하이닉스 두 종목의 주식에 투자했다면 나의 포트폴리오는 '삼성전자, SK하이닉스'가 된다. 그런데 지금 이 포트폴리오는 다소 위험하다는 평가를 받는다. 투자한 종목이 모두 반도체와 관련한 거대 기업이기 때문이다. 삼성전자와 SK하이닉스의 주가는 둘 다 반도체 가격의 등락에 매우 큰 영향을 받는다. 반도체 가격이 높을 때는 몰라도 하락기에 접어들면 이런 포트폴리오는 손실을 볼 확률이 높다.

한편 포트폴리오를 삼성전자, 오뚜기, 네이버, 하이브 등으로 구성한다면 안정성이 높다. 수출을 주로 하는 반도체 기업(삼성전자)과 내수를 중심으로 하는 식품 기업(오뚜기), 여기에 정보기술 기업(네이버)과 엔터테인먼트 기업(하이브)이 고루 섞여 있기 때문이다. 이런 포트폴리오는 수출·내수 경기가 안 좋다고 갑자기 큰 손실을 보는 일이 적다. 한쪽의 상황이 나빠져도 다른 쪽에서 보완해 주기에 그렇다.

이런 생각을 한번 해 보자. 내 포트폴리오의 수익이 코스피지수의 등락과 똑같이 움직이도록 구성할 수 있을까? 이론으로는 가능하다. 코스피시장에 상장한 954개 종목(2024년 7월 1일 기준)을 각 종목이 시장에서 차지하는 비중에 맞춰 모조리 사면 된다. 다만 954개 종목 전부를 산다는 발상 자체가 엉터리라는 점이 문제다. 현재 코스피지수에서 삼성전자가 차지하는 비중은 20퍼센트나 된다. 반면에 하이브는 0.4퍼센트밖에 안 된다. 그러니 삼성전자 주식은 내 포트폴리오의 20퍼센트를 차지할 만큼 많이 사야 하고, 하이브는 0.4퍼센트만 차지하도록 아주 조금 사야 한다.

이게 가능할 수 있을까? 954개 종목을 다 살 돈도 없거니와, 산다해도 1,000개 가까운 종목의 비중을 계산해서 맞추는 건 불가능에 가깝다. 그나마 하이브는 코스피지수에서 0.4퍼센트의 비중이라도 있지, 작은 종목들 가운데는 그 비중이 0.01퍼센트에도 못 미치는 경우가 허다하다. 투자 총액이 100만 원일 때 0.01퍼센트면 100원이다. 주식이 눈깔사탕도 아니고 100원어치를 어떻게 사겠는가? 즉 개인의 포트폴리오가 거대한 코스피지수를 추적하는 일은 거의 불가능하다는 뜻이다.

▽ 코스피지수를 따라잡아라

'왜 굳이 그렇게 어려운 일을 해야 하지?' 그렇다. 내 포트폴리오를 코스피지수와 연동할 특별한 이유는 없다. 하지만 실제 금융시장에서는 이런 기술이 매우 자주, 중요하게 사용된다. 전문가가 아닌 투자자에게 투자금의 이익이 나는 이유를 직관적으로 설명하기가 아주 쉬운 까닭이다. 예를 들어 코스피지수가 2,000에서 3,000으로 올랐다고 치자. 증시가 전반적으로 50퍼센트 오른 것이다. 이때 내 주식 계좌의 수익도 50퍼센트가 상승했다면 그 상관관계가 매우 간단하게 파악될 테다.

또 다른 이유는 많은 주식형펀드가 투자 성패 여부의 기준을 코스피지수로 잡기 때문이다. 좋은 주식형펀드를 고를 때 중요하게 따져봐야 할 요소 가운데 하나는 과거 기록이다. 그렇다면 어떤 기록을 봐야 할까? 매년 플러스(+) 수익을 낸 기록이 있다면 물론 좋은 펀드다. 하지만 현실적으로 그런 펀드는 존재하지 않는다. 2022년 한 해 동안 코스피지수는 25퍼센트, 코스닥지수는 무려 34퍼센트 하락했다. 이런 장(場)에서는 제아무리 대단한 주식형펀드라도 수익을 낼 수가 없다.

그래서 대부분 펀드는 '코스피지수보다 높은 수익률'을 목표로 삼는다. 비록 2022년처럼 코스피지수가 25퍼센트 하락했을지라도 내 펀드가 그보다 나은 수익률을 올렸다면(예를 들어 20퍼센트만 하락했다면) 잘했다는 평가를 받는 것이다. '내 돈을 20퍼센트나 까먹었는데 잘했다고?'라는 반감이 생길 수 있는데, 주식형펀드의 수익률은 원래 등락이 심해서 이 정도의 손해는 각오해야 한다. 반대로 이 말은 펀드가 이익을 냈더라도 코스피지수를 못 따라잡았다면 실패한 투자라는 이야기와 같다. 2020년 코스피지수는 무려 30.75퍼센트가 올랐다. 그런데 내 주식형펀드가 고작 20퍼센트의 수익률을 냈다고 '우아, 내 재산이 20퍼센트나 늘었어!'라며 좋아하면 안 된다. 코스피지수조차 따라잡지 못한 펀드는 실패작이다. 문제는 의외로 많은 펀드의 이익이 코스피지수를 따라잡지 못한다는 데 있다.

▲ 딱 200개만 본다

주식 등 특정 금융 상품이 지수, 즉 시장의 평균 수익률보다 높은 수익률을 내는 것을 '아웃퍼폼(outperform)', 지수보다 낮은 수익률을 내는 것을 '언더퍼폼(underperform)'이라고 한다. 그런데 앞서 말했듯 언더퍼폼에 속하는 펀드가 생각보다 매우 많아서 새로운 아이디어가 등장했다.

‘내 펀드의 수익률을 지수에 딱 맞출 수는 없을까?’ 복잡하게 생각할 필요 없이 지수가 30퍼센트 상승하면 내 펀드 수익률도 30퍼센트 오르고, 지수가 20퍼센트 하락하면 내 펀드 수익률도 20퍼센트 떨어지는 ‘속 편한 펀드’를 만드는 것이다. 이러면 내 펀드가 언더퍼폼 할지도 모른다는 막연한 스트레스에서 해방될 수 있다. 바로 이런 아이디어에서 출발한 펀드가 인덱스펀드(index fund)다. 인덱스란 ‘지수’를 뜻한다.

투자금이 워낙 적은 개인은 지수의 움직임과 완벽히 일치하도록 포트폴리오를 설계할 수 없지만, 펀드는 규모가 커서 코스피시장 상장종목 954개를 비중에 따라 적절히 사면 코스피지수를 정확히 추적할 수 있다. 그런데 이것도 이론상 그렇다는 이야기다. 펀드 규모가 아무리 크다 한들 954개 종목을 비중에 따라 골고루 사는 것은 현실적으로 불가능하고 너무 복잡하다. 그래서 생긴 지수가 바로 ‘코스피200’이다.

코스피200은 코스피시장에 상장한 종목 가운데 시가총액, 거래량 등을 따져서 가장 비중이 큰 200개 종목을 모아 따로 만든 지수다. 이렇게 비중이 큰 종목 200개만 추려서 지수를 내도 시장 상황이 거의 반영된다. 그 이하 종목들은 비중이 작아 시장에 별 영향을 미치지 못하기 때문이다. 대상을 200개로 정리하면 지수를 추적하는 작업도 훨씬 쉬워진다. 인덱스펀드는 바로 이 200개 종목을 대상으로 포트폴리오를 짠다. 추적하는 지수도 당연히 코스피지수가 아닌 코스피200이다. 이런 펀드에 가입하면 내 펀드 수익률이 아웃퍼폼일지 언더퍼폼일지 걱정할 필요가 없다. 그날 코스피200 지수가 5퍼센트 올랐으면 내 펀드 수익률도 5퍼센트 오른 거다. 아주 명료한 펀드가 만들어진 셈이다.

그래서 인덱스펀드는 보수율이 낮다. 보수는 펀드매니저가 내 돈을 잘 굴리기 위해 머리 싸매고 고민한 대가를 주는 것이다. 하지만 인덱스펀드를 만들 때 펀드매니저는 코스피200에 속하는 200개 종목을 비중에 맞춰 사기만 하면 된다. 즉 운용 보수를 많이 줄 이유가 없다는 이야기다. 이런 이유로 인덱스펀드의 보수율은 대부분 연 1퍼센트를 넘기지 않는다(주식형펀드의 보수율은 대개 연 1.5퍼센트다).

▽ 반대로 가는 버스 vs 두 배로 가는 버스

한 걸음 더 나아가 보자. 코스피지수가 폭등하면 '최근 지수가 너무 올라서 조만간 떨어질 것 같은데…'라는 생각이 들 법하다. 그 생각은 자연히 '지수가 떨어져도 돈을 버는 방법은 없을까?'라는 욕망으로 이어진다. 이게 가능할까?

이 책을 차근히 읽고 있다면 앞에서 설명한 선물(futures)투자를 기억할 것이다. 선물에 투자하면 주가가 내려가도 돈을 벌 수 있다. 주가가 하락할 종목을 예상해서 투자하면 되기 때문이다(미리 사 둔 주식의 주가가 선물거래 만기일에 예상대로 하락한다면 계약할 때 정해 둔 값, 즉 하락하기 전 가격으로 매도함으로써 이득을 얻을 수 있다). 그래서 똑똑한 금융공학자들이 인덱스펀드와 선물을 결합한 인버스펀드(inverse fund)를 만들었다. 'inverse'는 '반대의'라는 뜻을 가진 영단어인데, 이름에 걸맞게 인버스펀드는 코스피200의 등락과 수익률이 거꾸로 움직인다.(그래서 리버스펀드, 즉 reverse fund라고도 부른다). 코스피200 종목 가운데 주가가 하락할 것 같은 종목을 예상하고 선물시장에서 미리 매도하는 방식이다. 이렇게 하면 코스피200 지수와 수익률이 반대로 움직이는 펀드를 만들 수 있다. 다만 정교한 계산 작업과 예측이 필요하다.

한편 곱버스펀드라는 것도 있다. 이때 곱버스는 정식 용어가 아닌 속어다. 인버스펀드처럼 코스피200과 반대로 수익률이 나타나는데, 그 움직임의 폭이 두 배 커서 '인버스 곱하기 2'라는 뜻으로 '곱버스'라고 부른다. 선물을 잘 이용하면 이런 것도 만들 수 있다. 곱버스펀드는 코스피200 지수가 5퍼센트 하락하면 펀드 수익률이 10퍼센트(5퍼센트×2)나 상승한다. 반대로 코스피200 지수가 5퍼센트 상승하면 펀드 수익률은 10퍼센트 폭락한다. 평범한 인버스펀드보다 도박 성향이 훨씬 강한 상품인 셈이다.

인버스펀드와 곱버스펀드 모두 '버스'라는 발음이 들어가는 탓에 해당 펀드에 투자할 때 '나 버스 탔다.'라는 표현을 자주 쓴다. 그런데 인버스는 몰라도 곱버스를 타는 일은 정말 신중해야 한다. 인버스야 주가가 너무 올랐을 때 '이 정도면 지수가 한 번쯤 떨어질 때가 됐다'는 심리로 투자해 볼 수 있다. 하지만 곱버스는 욕심이다. 곱버스펀드에 투자했다가 예상과 반대로 주가가 더 오르면 손실이 인버스펀드의 갑절로 불어난다. 이러면 곱버스는 '지옥행 버스'가 된다. 2020년 말과 2021년 초 코스피지수가 3,000을 넘자 떨어질 때가 됐다는 예측으로 '곱버스에 타는' 사람이 대거 늘었다. 하지만 지수는 떨어지기는커녕 한참을 더 올랐다. 그 바람에 수많은 투자자가 '곱버스 잘못 탔다가 죽기 직전이다.'라며 아우성쳤다.

우리는 투자를 알아보려는 것이지 투기를 배우는 게 아니다. 어떤 분야든 '이렇게 하면 두 배로 벌 수 있어.'라는 유혹은 되도록 피해야 한다. 인버스까지는 몰라도 곱버스는 투자 대상으로 삼지 않는 게 바람직하다는 이야기다.

움직이지 않는 돈을
움직이는 방법이 있다?

편의점에서 급히 마실 걸 좀 사려고 했는데, 지갑에 돈이 없다면? 당황스러울 수밖에 없다. "제가 100억짜리 건물주인데요…"라고 말해 봤자, 음료수 하나도 사지 못할 것이다.

가치는 크지만 당장 쓸 수 없는 돈, 이런 돈을 진짜 '쓸 수 있는 돈'으로 바꾸는 법이 있다. 바로 '자산유동화'다. 얼핏 들으면 어렵게 느껴질 수도 있지만, 알고 보면 아주 쉽고 똑똑한 금융 기술이다. 문제는, 너무 욕심내서 이 기술을 남용하면 일이 커질 수 있다는 점. 실제로 이 기술이 세계 금융 시장을 흔들 만큼 큰 위기를 불러온 적도 있다.

이번 장에서는 자산유동화가 무엇인지, 그리고 어떻게 미국을 발칵 뒤집어 놓았는지 함께 알아보자.

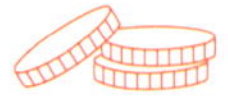

▲ 100억 빌딩으로 음료수 사기

여러분은 부동산이 무엇인지 대충 알 테다. 알다시피 주택이나 아파트 같은 것이다. 더 정확히 이야기하자면 부동산(不動産)은 움직이지 않는[不動] 재산을 말한다. 부동산의 반대 개념은 동산이고, 동산(動産)은 당연히 (앞동산, 뒷동산 할 때 그 동산이 아니라) 움직이는[動] 재산을 뜻한다. 부동산 이외의 재산은 전부 동산으로 보면 된다. 예를 들어 땅이나 건물은 움직이지 않는 재산이므로 부동산이고, 현금은 쉽게 움직일 수 있으므로 동산이다. 주식이나 채권도 동산에 속한다.

동산은 부동산과 비교할 때 매우 유리한 이점을 지닌다. 사용하기가 편리하다는 점이 그것이다. 내가 100억 원짜리 빌딩을 소유하고 있다고 치자. 그런데 지금 갑자기 편의점에서 2,000원 하는 음료수를 마시고 싶다. 이때 그 100억 원짜리 빌딩은 위력을 발휘하기 힘들다. 빌딩의 가치인 100억 원을 곧바로 현금화할 방법이 없기 때문이다. 편의점 계산대에서 돈을 내지 않고 "내가 이래 봬도 100억 원짜리 빌딩의 주인인데, 이 음료수를 마셔도 되겠습니까?"라고 말하면 이상한 사람으로 취급받지 않겠는가?

동산은 편의점에서건 마트에서건 사용할 수 있지만 부동산은 그럴 수 없다. 그래서 금융인들이 아이디어를 냈다. '당장 사용하기 불편한 부동산을 어디서든 바로 사용 가능한 동산으로 바꿀 수는 없을까?' 여기서 움직이지 않는 부동산을 물이 흐르듯 움직이도록[流動化] 만드는 '자산유동화' 개념이 등장한다. 부동산을 유동화할 방법으로 가장 먼저 떠오르는 생각은 부동산을 파는 것이다. 이러면 부동산이 현금으로 바뀌어 자연스럽게 유동화된다. 하지만 이를 두고 자산유동화라고 하지는 않는다. 자신유동화의 핵심은 부동산을 내 새산으로 그내로 놔둔 채, 그 가치만 동산으로 취하는 것이기 때문이다.

이를 염두에 두고 생각할 수 있는 다른 방법은 앞부분에서 언급한 주택담보대출이다. 소유한 부동산을 은행에 담보로 잡힌 뒤 대출받으면 현금이 내 통장에 들어온다. 그러면 부동산이 여전히 내 소유인 채로 현금을 손에 쥘 수 있다. 100억 원짜리 건물을 가졌다는 사실만으로는 편의점에서 음료수를 살 수 없지만, 그 건물을 담보로 50억 원쯤 대출받으면 음료수를 사서 배가 터지도록 마실 수 있다.

▽ 미래의 가치를 담보 삼아

앞선 글에서 한국도로공사가 발행한 채권을 예로 들며 채권에 관해 이야기했다. 이것도 사실 자산유동화의 일종이다. 도로를 만들 때 사업자인 한국도로공사가 애초부터 충분한 돈을 가지고 있다면 자산유동화를 할 이유가 없다. 가진 돈으로 도로를 만들고 나중에 통행료를 받아 돈을 메우면 되니까. 하지만 대부분 사업자는 사업을 시작하기 전에 충분한 자금을 갖고 있지 않다. 그래서 채권을 발행해 우리 같은 사람들에게 파는 것이다. 우리가 그 채권을 사는 이유는 한국도로공사가 도로를 다 지으면 통행료를 받아서 그 돈으로 우리에게 원금과 이자를 돌려주리라 믿기 때문이다.

그렇다면 생각해 보자. 도로는 부동산이다. 그것도 당장 눈에 보이지 않는, 미래에 건설될 부동산이다. 그런데 이 도로를 담보로 채권을 발행해 현금을 마련했다는 것은 한국도로공사가 미래의 부동산을 유동화해 현재의 사업 자금으로 융통했다는 뜻이 된다. 사실상 수많은 국가가 이런 방식으로 자산을 유동화해 공공사업을 진행한다. 어떤 나라의 정부가 상수도 시설을 만든다고 가정해 보자. 공사할 돈이 충분치 않다면 미래의 부동산을 유동화해야 한다. 상수도 시설을 완공

한 뒤 수도 요금을 받아서 갚겠다고 약속하며 돈을 빌리면 된다. 이는 주택담보대출처럼 미래의 상수도 시설을 담보로 현재 쓸 현금을 마련한 자산유동화의 일종이다. 이 같은 자산유동화 기법이 발달하면서 자산유동화의 개념도 확장했다. 부동산을 동산으로 유동화하는 수준을 넘어서서, '동산이지만 현금처럼 유동화가 잘 되지 않은 동산'도 현금으로 바꾸는 방법이 등장한 것이다.

'동산이지만 현금처럼 유동화가 잘 돼 있지 않은 동산'이란 무엇일까? 예를 들자면 정기예금 같은 것이다. 예금은 당연히 동산이다. 그런데 현금처럼 자유롭게 쓸 수는 없다. 정기예금을 한 번 맡기면 일정 기간 그 돈을 꺼내 쓸 수 없기 때문이다. 물론 예금을 깨면 현금으로 찾을 수는 있다. 하지만 이러면 약속한 만큼의 이자를 못 받는다. 그래서 예금을 깨기는 싫은데 당장 현금이 필요한 경우, 정기예금을 유동화한다. 방법은 비슷하다. 정기예금을 담보로 대출받는 것이다. 이러면 내 정기예금도 지키고, 당장 필요한 현금도 얻는다. 이런 방식도 자산유동화에 속한다.

▲ 대출에 대출을 얹으면?

2000년대 들어 미국 경제는 초호황을 누렸다. 그 호황 뒤에는 부동산의 가격 상승이 있었다. 경기가 좋아지니 너도나도 자기 집을 가지려고 부동산 시장에 나섰는데, 문제는 당시 미국인 대부분이 자기 돈으로 집을 산 게 아니라는 점이다. 돈이 없는 사람이 집을 사는 방법은 자산유동화뿐이다. 앞으로 살 집을 담보로 대출받아 그 돈으로 집을 구매하는 것이다. 이를 모기지대출(mortgage loan)이라고 부른다. 모기지대출과 여타 주택담보대출을 구분하는 가장 큰 특징은 모기지대출의 경우 은행이 한 번에 큰돈을 빌려준 뒤 그 돈을 조금씩, 오래 나눠 받는 데 있다. 즉 은행이 5억 원을 대출해 줬다면, 그 돈을 매월 200만 원씩 20년쯤에 걸쳐 나눠 갚는 것이다.

수많은 미국 국민이 모기지대출을 받으러 은행으로 몰렸다고 생각해 보라. 은행이 가진 돈에도 한계가 있지, 무슨 수로 그 엄청난 규모의 금액을 전부 대출해 준단 말인가? 은행 역시 돈을 마련하기 위해 자산유동화에 나선다. 20~30년에 걸쳐 돌려받을 대출금을 미래의 자산으로 보고, 이를 담보로 다른 금융기관에서 돈을 빌리는 것이다. 이런 식으로 발행하는 증권을 자산유동화증권(ABS, Asset-Backed Securities)의 일종인 주택저당증권(MBS, Mortgage-Backed Securities)이라고 부른다. 담보대출은 원래 채권자에게 비교적 안전한 대출에 속한다. 채무자가 돈을 갚지 못하는 상황이 와도 담보를 팔아서 돈을 회수하면 되기 때문이다. 하지만 이것도 담보 하나를 두고 한 번 대출할 때 이야기다. 그 당시 미국은 주택이라는 하나의 담보로 자산유동화 기술을 두 번이나 사용했다.

사태는 여기서 멈추지 않았다. 돈을 벌 탐욕에 눈이 먼 미국 금융기관들이 2차 자산유동화 과정에서 아주 위험한 짓을 벌인 것이다. 서브프라임모기지(subprime mortgage)가 여기서 등장한다. 프라임(prime)은 '최상 등급'이라는 뜻의 단어고, 서브(sub)라는 접두어는 본래 '~보다 적은', '~보다 아래의'라는 의미를 지닌다(주력이 아닌 제품을 흔히 '서브'라고 부르는 걸 생각해 보라). 그래서 서브프라임모기지는 최상 등급 담보대출이 아닌, 담보가 다소 부실한 대출을 뜻한다. 10억 원짜리 아파트를 살 때, 그 아파트를 담보로 대출받으면 은행에서 6억 원쯤 빌려준다고 가정하자. 돈을 빌린 사람은 이 돈을 20~30년에 걸쳐 갚겠다고 한다. 당연히 은행은 채무자의 직업이 안정적인지, 소득은 꽤 있는지 등을 살펴야 한다. 그래야 빌려 간 돈을 오랜 기간에 걸쳐 잘 갚을 테니 말이다. 이런 조건이 전부 검증되면 이 대출은 매우 안정적인 거래가 된다.

하지만 서브프라임모기지는 어떨까? 10억 원짜리 아파트를 사려는 사람한테 8억~9억 원을 빌려주었는데, 그 채무자에게 변변한 직업이 없는데도 돈을 내줬다면? 일단 이런 대출은 돈을 너무 많이 빌려준 점부터 문제다. 만약 아파트 가격이 8억 원 이하로 떨어지면 담보를 팔아도 빌려준 돈을 다 못 받는 수가 생기기 때문이다. 게다가 돈을 빌린 사람이 직업도 없고 소득까지 불안정하면 이 대출은 더 위험해진다. 원래 은행에선 이렇게 위험한 대출을 해 주면 안 된다. 그런데 그 당시 미국 은행들은 이자를 받아 돈 버는 재미에 푹 빠진 나머지 서브프라임모기지 대출을 대거 수용해 버렸다. 그리고 돈이 부족해지자 서브프라임모기지에서 회수할 돈을 담보로 다른 금융기관으로부터 다시 돈을 빌렸다. 부실한 대출 거래를 이용해 2차 자산유동화에 나선 것이다.

2007년, 마냥 좋을 듯하던 미국 경제가 마침내 꺾이기 시작했다. 당연히 부동산 가격도 하락했다. 경기가 나빠지면서 서브프라임모기지로 돈을 빌린 사람들이 돈을 갚지 못하는 경우가 많아졌다. 은행은 채무자에게서 담보로 잡은 집을 팔아 대출금을 회수하려 했지만, 부동산 가격이 하락하는 바람에 담보의 가치가 대출금에도 못 미치는 사태가 속출했다. 이에 서브프라임모기지로 돈을 빌려준 은행들이 휘청거렸다. 은행이 휘청이자 서브프라임모기지를 담보로 그들 은행에 돈을 빌려준 다른 금융기관들까지 경영난에 휩싸였다. 금융 위기의 조짐이 커지니 부동산 가격은 더 빠른 속도로 하락했다. 부동산 가격이 폭락하면서 더 많은 서브프라임모기지 대출이 무너졌다.

사태가 악순환의 고리에서 빠져나오지 못하자 서브프라임모기지를 비롯해 안전하다고 믿었던 프라임모기지까지 무너져 내렸다. 결국 미국의 1·2차 자산유동화에 가담한 금융기관들이 굴비처럼 엮여 부도가 났다. 2007년 4월, 미국 2위의 서브프라임모기지 대출업체 뉴센추리파이낸셜(New Century Financial)의 파산을 시작으로 절대 망할 것

같지 않았던 미국 금융기관들이 줄줄이 파산을 선언했다. 이것이 바로 세계경제를 역사상 최악의 금융 위기로 몰아넣은 서브프라임모기지 사태의 전말이다.

자산유동화는 그 자체만 보면 매우 유용한 금융 기술이다. 하지만 잘못되면 이처럼 어마어마한 사태를 불러일으키는 폭탄의 뇌관이 되기도 한다. 금융기관들이 자산을 유동화할 때 매우 엄격한 기준을 적용해야 하는 이유가 여기에 있다.

회사 경영진을 갈아 치우는
펀드가 있다?

"사장님, 이제 회사 그만두세요." 이런 말을 당당히 할 수 있는 사람이 누구일까? 회사 직원도 아니고, 정부 관료도 아니다. 정답은 바로 '사모펀드', 그중에서도 '행동주의 펀드'가 벌이는 일이다.

사모펀드는 소수의 투자자에게서 비공개로 자금을 모아 투자하는, 말하자면 부자들만 가입할 수 있는 비밀스러운 펀드다. 겉보기엔 여느 투자와 다를 바 없어 보이지만, 이들은 때론 회사를 사들이고, 경영을 흔들고, 필요하면 회사 최고경영자인 CEO까지 갈아 치운다. 거대한 돈의 힘이 어떤 방식으로 세상을 바꾸고 있는지, 지금부터 함께 살펴보자.

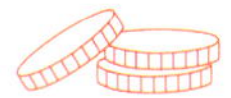

▲ 세계에서 가장 유명한 펀드는?

현대 금융사에서 가장 위대한 투자자를 꼽을 때 반드시 등장하는 사람이 있다. 1973년 퀀텀펀드(Quantum Fund)를 만들고 2011년 공식적으로 펀드매니저 현업에서 은퇴하기까지 약 40년 동안 세계 금융계를 뒤흔든 조지 소로스다. 그가 이끈 퀀텀펀드 및 그 전신인 더블이글펀드는 1969년부터 1994년까지 26년 동안 무려 35퍼센트의 연평균 수익률을 기록했다. 한 해 수익률이 35퍼센트인 것만 해도 엄청난 성과인데, 26년간의 평균 수익률이 그랬다는 것은 실로 대단한 기록이다. 21세기에 들어서며 영향력이 많이 약해졌어도 퀀텀펀드는 여전히 세계에서 가장 유명한 펀드 가운데 하나다.

독자 여러분도 호기심을 가질 법하다. 나도 그 유명하다는 퀀텀펀드에 가입할 수 있을까? 안타깝게도 그것은 거의 불가능하다. 퀀텀펀드가 미국의 펀드여서가 아니라, 사모(私募)펀드이기 때문이다.

펀드에 가입하려면 은행이나 증권사를 찾아야 한다. 이 말은 은행이나 증권사에서 판매하는 펀드는 우리 같은 일반인도 얼마든지 가입할 수 있다는 것이다. 이런 펀드를 공모(公募)펀드라고 부른다. 공개적[公]으로 모집[募]하는 펀드라는 뜻이다. 한편 퀀텀펀드 같은 사모펀드는 펀드 가입자를 사적[私]으로 모집[募]한다. 아는 사람을 통해 모집하건, 돈 많은 사람을 찾아가 "우리 펀드에 투자하실래요?"라고 부탁하건, 매우 제한적인 방식으로 투자자를 모집한다.

굳이 이렇게 투자자를 모으는 이유가 있다. 사모펀드는 사실 부자들을 위한 펀드다. 그냥 부자도 아니고 돈이 정말 많은 부자를 위해 설계된 상품이다. 왜 이런 상품을 특별히 개발했냐면, 공모펀드에는 투자상 제약이 상당히 많기 때문이다.

공모펀드는 우리 같은 일반인도 몇십만 원만 있으면 투자할 수 있다. 온 국민이 투자할 수 있는 상품이기에 망하면 피해자 수가 너무 많아진다. 그래서 공모펀드에는 여러 규제가 붙는다. '주식형펀드는 주식에 투자해서 수익을 내야 한다'는 식이다. 주식형펀드를 굴리는 펀드매니저가 어느 날 느낌이 꽂혔다고 선물이나 옵션에 투자해서는 안 된다는 이야기다.

반면에 사모펀드는 (우리나라의 경우) 최소로 책정된 투자금이 3억 원이다. 말이 3억 원이지 그 돈을 가지고 사모펀드 투자가 가능할지도 불투명하다. 사모펀드 한 개에 모집할 수 있는 투자 인원을 100명으로 제한한 탓이다. 생각해 보자. 유명한 펀드매니저가 사모펀드 투자자를 모집하는데 부자 여러 명이 돈을 싸 들고 와선 "내 돈 좀 굴려주세요."라고 부탁한다. 이럴 때 펀드매니저가 누구의 돈부터 맡겠나? 100명이라는 제한이 있기에 더 많은 금액을 투자한 사람의 돈부터 받을 테다. 미국이나 영국처럼 사모펀드가 발달한 나라에서는 한 번에 수십억, 수백억 원을 맡기는 투자자도 적지 않다. 퀀텀펀드가 아무리 유명해도 우리가 언감생심 가입을 꿈꾸기 어려운 이유다.

▽ 시장이 망해도 돈은 벌어야 한다

사모펀드는 가입자 수를 제한하는 대신 활동 영역에 제약을 거의 두지 않는다. '주식에만 투자해야 한다'거나 '주식과 채권 비중이 6 대 4라야 한다'는 식의 규제가 없다는 뜻이다. 주식·채권·외환·선물·옵션·부동산 가릴 것 없이, 속된 말로 '돈이 되는' 모든 것에 자유롭게 투자할 수 있다. 여기서 질문을 하나 건네겠다. 사모펀드는 부자들을 위한 펀드라고 했다. 그렇다면 부자들이 펀드에 가입할 때 가장 중요하게 생각하는 기준이 뭘까?

우리는 높은 수익률을 자랑하는 펀드에 종종 유혹당한다. 언론에서 매년 '올해 수익률 톱 10 펀드' 등을 발표하는 이유다. 하지만 돈이 많은 사람들은 이런 숫자에 별로 영향을 받지 않는다. 굳이 일확천금을 노릴 필요가 없기 때문이다. 그들이 진짜로 원하는 것은 높은 수익률이 아니라 안정적인 수익률이다. 쉽게 말해 매년 10퍼센트 정도의 수익을 꾸준히 내면 충분한 거다. 그래서 '헤지펀드(hedge fund)'라는 사모펀드가 등장했다. 헤지펀드의 정의를 정확히 어떻게 내려야 하는지는 분명하지 않다. 하지만 이 펀드의 가장 큰 특징은 시장 상황에 상관없이 투자자들에게 일정한 목표 수익률을 제시하는 데 있다. 관행상 제시하는 목표 수익률은 연 10~12퍼센트다.

여기서 중요한 것은 '시장 상황에 상관없이'라는 문구다. 이는 2008년에 발생한 글로벌 금융 위기 같은 사건이 터져도 헤지펀드는 목표 수익률을 반드시 달성해야 한다는 뜻이다.(애초에 헤지, 즉 hedge라는 단어에는 '위험을 회피한다'는 의미가 담겼다). 한데 상식적으로 그게 가능한가? 2008년 글로벌 금융 위기에 전 세계 증시가 반토막 났다. 그 와중에 어떻게 10퍼센트의 수익을 올린단 말인가? 그럼에도 그 불가능을 가능케 하는 게 헤지펀드가 지닌 역량이다.

우리는 앞에서 파생상품에 관해 이야기했고, 선물이나 옵션을 이용하면 주가가 내려가도 돈을 벌 길이 있다는 사실을 알았다. 또 헤지펀드는 어디에 투자하든 제약이 없기에 주가가 하락할 때 국채나 부동산 등 다양한 영역에 투자해서 만회할 수 있다. 이걸 세상에서 가장 잘한 사람이 조지 소로스인 셈이다.

헤지펀드는 손실을 안 보기 위해 별의별 일을 다 한다. 오죽하면 몇몇 헤지펀드에 '벌처펀드(vulture fund)'라는 별명이 붙었겠나? 벌처(vulture)는 '대머리독수리'라는 뜻이다. 대머리독수리는 썩은 고기, 즉 동물의 사체를 파먹고 산다. 이미 죽어 있는 존재에서도 자신의 양식을 뜯어낸다는 이야기인데, 이를테면 벌처펀드는 마른오징어에서도 육즙을 짜낼 능력을 지닌 펀드인 것이다. 실로 잔인하지 않은가?

앞선 글에서도 언급한 적이 있는 엘리엇매니지먼트가 대표적 벌처펀드다. 이들은 폭락한 아르헨티나 국채를 산 뒤 아프리카에 정박한 아르헨티나 군함을 압류하고 "돈을 갚지 않으면 대통령 전용기를 압류하겠다."라며 아르헨티나 정부를 협박했다. 헤지펀드는 수익률을 위해 이런 일까지 한다.

소로스에게도 유명한 일화가 존재한다. 1992년 소로스가 마음을 단단히 먹고 영국 외환시장을 휘젓고 다닌 적이 있었다. 일개(!) 펀드의 횡포에 외환시장이 유린당하자 뿔이 단단히 난 영국 중앙은행은 총력을 기울여 소로스에게 맞섰다. 무려 영국 중앙은행과 한 펀드매니저의 대결이었다. 이 전쟁의 승자는 놀랍게도 소로스였다. 그는 일주일이라는 짧은 기간 동안 무려 10억 달러(당시 우리돈으로 약 7,810억 원)를 벌어들이며 영국 외환시장을 초토화했다. 문제는 그 당시 영국이 미국의 가장 큰 정치적 우방이었다는 점이다. 하지만 소로스에게는 우방이고 뭐고 아무 의미가 없었다. 그에게는 오직 돈을 버는 일만

이 선(善)이었다.

　TMI지만, 이렇게 악착같이 돈을 번 소로스는 의외로 매우 검소한 기부자이기도 했다. 그는 인생 대부분을 미국 뉴욕의 작은 원룸아파트에 거주하면서 무려 320억 달러(현재 우리돈으로 약 42조 원)를 기부했다. 수단과 방법을 가리지 않고 번 돈을 쓸 때는 착하게 쓴 것이다. 그래서 그에게는 '사악한 구세주', '두 얼굴의 사나이' 등의 별명이 붙었다.

▲ 펀드가 끌어내린 회사 경영진

　펀드가 주식에 투자하는 이유는 주가가 오르리라는 전망 때문이다. 그래서 자기가 원하는 만큼 주가가 오르면 주식을 팔고 나온다. 이 말은, 기존 펀드의 주식 투자는 기본적으로 수익을 내는 데 초점이 맞춰져 있다는 이야기다. 그런데 세상일이 그렇게 마음대로 되나? 투자했는데 주가가 안 오를 수도 있고 도리어 하락할 수도 있다. 그러면 우리 같은 개인투자자는 '내 예상이 틀렸으니 어쩔 수 없이 손해 보고 빠져나와야겠다.'라고 생각하는 게 상식이다.

　하지만 헤지펀드는 상식의 틀을 깬다. '주가가 내렸다고? 그러면 올려야지! 안 오른다고? 그러면 회사가 우리한테 보상해야지! 못 하겠다고? 그러면 경영자를 바꿔 치워야지!' 이게 헤지펀드의 발상이다.

이런 펀드들은 주가가 오르지 않는 회사에 강력한 압박을 가한다. 수틀리면 경영자도 갈아 치우고, 심한 경우 회사도 팔아 버린다. 펀드가 단지 주가의 움직임만 신경을 쓰는 게 아니라 회사 경영에 적극적으로 간여한다는 이야기다. 이런 성향의 헤지펀드를 '행동주의 펀드'라고 부른다.

행동주의 펀드가 기업에 하는 가장 흔한 요구는 배당을 더 내놓으라는 것이다. 보통의 주식회사는 '배당'을 한다. 1년 동안 번 돈 가운데 일부를 떼어서 주주들의 몫으로 분배하는 일이다. 물론 반드시 해야 하는 건 아니다. 돈을 많이 벌었어도 '우리는 그 돈을 주주들에게 배당하는 대신 투자를 더 확대해서 회사를 키우겠다.'라고 생각하는 경영자도 있다. 하지만 행동주의 펀드는 이런 장기적 시각을 허용하지 않는다. 이들도 헤지펀드이기에 당장 올해 돈을 버는 게 가장 중요하다. 그래서 행동주의 펀드는 무조건 배당을 많이 내놓으라고 종용한다. 이런 주장이 관철되지 않으면 경영진을 교체하겠다고 으름장을 놓기도 한다.

2017년 미국에서 유기농 제품을 파는 홀푸드(Whole Foods)라는 회사가 행동주의 펀드인 자나파트너스(Jana Partners)의 타겟이 된 적 있다. 이 행동주의 펀드는 회사 주식의 9퍼센트를 사들인 뒤 지속적으로 경영에 이래라저래라 간섭했다. 회사 주가가 오르기 위해 더 나은 기술과 경영 실력이 필요하다는 명목이었다. 그러다가 주가 부진에 불만을 품은 소액주주들과 힘을 합쳐 회사 경영진을 교체해 버렸고, 결국 홀푸드의 회사 경영권은 초대형 유통사 아마존에 인수되었다. 행동주의 펀드의 위력이 이 정도다.

2020년에 들어서면서 우리나라에서도 행동주의 펀드의 위력이 날로 높아지는 추세다. 2024년 초에는 행동주의 펀드가 삼성물산 주주총회에서 배당 확대를 주장하며 표 대결을 벌이기도 했다. 행동주의 펀드가 한국 금융시장에서도 그 위력을 더하고 있는 중이다.

텅 빈 것을 팔아 돈을 번다?

세상에는 '없는 걸 팔아서 돈을 버는' 이상한 방법도 있다. 바로 '공매도'라

는 투자 방식 이야기다. 공매도는 말 그대로 '비어 있는 걸 판다'는 뜻인데,

사실은 '빌린 주식을 미리 팔고, 나중에 다시 사서 갚는' 방식이다. 주가가

내려가야 돈을 벌 수 있는 구조라, 보통의 주식 투자와는 정반대다. 여기

에 공매도와 주식 매수를 동시에 활용하는 '롱쇼트 전략'까지 더하면, 주가가 오르든 내리든 수익을 낼 수 있는 마법 같은 전략도 가능하다.

물론 이 모든 방식은 실제로는 그렇게 마법처럼 쉽지만은 않다. 이번 장에서는 '없는 걸 팔아 돈 버는' 세상에서 가장 독특한 투자 방식, 공매도와 롱쇼트 전략에 대해 알아보자.

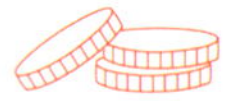

▲ 텅 빈 것을 팔겠다고요?

'주가가 내려가도 돈을 벌 방법이 없을까?'라는 궁금증에 관한 연구가 많이 진행됐다는 사실은 이미 몇 번 소개했다. 특히 '선물'이 이런 의도에 부합하는 금융 상품이라는 사실도 이야기했다.

비슷한 취지로 설계된 공매도(空賣渡)라는 투자법이 있다. 공매도에서 '매도(賣渡)'는 말 그대로 '판다'는 뜻이고 '공(空)'은 '비어 있다'는 의미다. 이 말인즉 공매도가 빈 것을 판다는 개념이란 얘기다. 뭔가 이상하다. 실체가 있어야 파는 일이 가능할진대 빈 것을 판다니? 공매도를 영어로는 'short selling'이라고 하는데, 이렇게 봐도 이해가 안 가기는 마찬가지다. 직역하면 '짧은 매도'라는 매우 아리송한 말이 되기 때문이다. 이를 위해 먼저 알아볼 게 있다. 정확한 이유를 알 순 없지만, 금융에서는 short라는 단어가 독특하게도 '주식을 팔다.'라는 의미를 지닌다는 사실이다. 이는 short의 반대말인 long이 금융시장에서 '주식을 사다.'라는 특이한 뜻을 갖게 된 까닭이기도 하다.

공매도란 이론적으로 '없는 주식을 빌려서 파는 제도'다. "없는 걸 어떻게 팔아요?"라는 반문이 나올 수 있는데, '빌려서 파는 제도'라는 말을 잘 이해해야 한다. 예를 들어 지금 투자자 A에게는 삼성전자 주식이 없다. 하지만 몇몇 대형 금융회사에는 팔지 않고 보관하는 삼성전자 주식이 있다. 국민연금 같은 거대한 투자자들은 삼성전자처럼 나라를 대표하는 주식을 늘 일정 정도 보유한다(시장 전망이 아무리 어두워도 대형 투자자들이 삼성전자 주식을 모조리 팔진 않는다). 이때 A가 이런 금융기관을 찾아 "어차피 팔지도 않을 거 보관만 하면 뭐 합니까? 나한테 잠시 빌려주세요. 이자를 드릴게요."라고 요청한다. 대형 투자자는 보관만 하던 주식을 빌려주고 이자를 챙길 수 있으니 거절할 이유가 없다.

이렇게 A는 삼성전자 주식 한 주(株)를 당시 주가인 5만 원에 석 달 동안 빌리기로 한다. 여기서 중요한 건 석 달 뒤 A가 삼성전자 주식을 갚을 땐 반드시 해당 주식으로 갚아야 한다는 사실이다. '주식으로 빌려서 주식으로 갚는다.'라는 점이 공매도를 이해하는 핵심이다. A는 빌린 주식을 당연히 팔 것이다. 그러기 위해 빌렸으니 말이다. 그 당시 주가가 5만 원이었으니 5만 원을 받고 팔았을 테다.

약속한 석 달이 지났다. 이 시점엔 삼성전자 주가가 4만 원으로 떨어졌다고 가정하자. A는 빌린 주식을 주식으로 갚기 위해 삼성전자 주식을 다시 사야 한다. 4만 원에 주식을 사서 이를 금융기관에 갚는다. 한 주를 빌려서 한 주를 돌려줬으니 A는 도리를 다한 셈이다(물론 이자는 조금 물어 줘야 한다). 이 거래를 마치고 나니 A는 돈을 벌었다. 석 달 전 빌린 삼성전자 주식을 팔아서 A가 손에 쥔 돈은 5만 원인데, 석 달 뒤 삼성전자 주식을 사는 데는 4만 원밖에 들지 않은 까닭이다. 투자자 A는 주식을 빌리고 갚는 과정에서 1만 원을 얻었다. 물어야 할 이자를 고려해도 충분히 남는 장사다.

▽ 개인투자자는 공매도를 싫어한다

미국 금융 위기 때 큰돈을 번 금융인들의 이야기를 흥미진진하게 그린 〈빅 쇼트(The Big Short)〉(2015)라는 영화가 있다. 2008년 금융 위기 당시에는 전 세계 금융시장이 그야말로 풍비박산했다. 거의 모든 종목이 엄청난 주가 하락을 겪었는데, 이런 시기에 어떻게 큰돈을 벌었단 말인가? 그 일을 해낸 주인공들이 바로 공매도를 사용했다. 앞서 설명한 삼성전자 주식의 예시를 되짚어 보라. 공매도를 활용한 투자는 주가가 하락해야 돈을 벌 수 있단 사실! 그러니 영화 제목인 '빅 쇼트'는 '크게 짧은'이라는 이상한 뜻이 아니라 '엄청난 공매도', 혹은 '결정적인 공매도'라는 의미다.

하지만 우리나라의 많은 개인투자자는 공매도를 강력하게 반대한다. 공매도를 위해서는 국민연금 같은 대형 금융기관으로부터 주식을 빌려야 하는데, 개인투자자가 이 일을 해낼 길이 별로 없는 탓이다. 아닌 말로 일반 학생이 국민연금에 가서 "제가 공매도할 건데 삼성전자 주식 좀 빌려주세요. 이자는 연 10퍼센트 쳐드릴게요." 하면 거기서 주식을 빌려주겠나? 거들떠보지도 않을 것이다. 그래서 공매도를 할 수 있는 권리는 현실적으로 대형 기관투자자나 외국인투자자로 한정된다.

사실 이건 카드 게임에서 개인투자자에게 카드 다섯 장을 쥐 놓고, 기관투자자나 외국인투자자에게는 카드를 예닐곱 장 쥐여 주는 일과 마찬가지다. 애초부터 기관투자자와 외국인투자자는 자금 규모와 정보력에서 개인투자자를 압도한다. 여기에 공매도라는 카드까지 추가된다면 개인투자자가 불리한 것은 너무도 당연하다.

대형 기관투자자나 외국인투자자들이 종목 하나를 점찍은 뒤 대거 공매도에 나섰다고 해 보자. 이들은 해당 종목의 주가가 하락해야 돈을 번다. 공매도 양이 많아질수록 주가는 당연히 내려간다. 주식을 팔겠다는 물량이 많아지기 때문이다. 혹시 주가가 잘 안 내려가면 공매도 양을 더 늘려서라도 이들은 반드시 주가를 하락시킨다.

문제는 증권시장에서 개인투자자보다 외국인투자자, 기관투자자의 영향력이 훨씬 크다는 데 있다. 외국인투자자가 공매도를 걸었다는 소식이 들리면 개인투자자들은 자금력이 풍부한 외국인투자자가 계속 공매도를 늘려 결국 주가를 떨어뜨리고 말리라는 공포에 휩싸인다. 개인투자자들은 손해를 줄이기 위해 주식을 팔아 치울 것이고, 주가는 내려간다. 주가가 내려가면 투자자들은 주식을 더 많이 판다. 주가는 계속 폭락한다. 이 공포의 전쟁이 한바탕 끝나고 나면 주식시장에 있던 돈은 공매도에 나선 외국인투자자와 기관투자자의 손에 고스란히 쥐어진다. 주가가 올라야만 돈을 벌 수 있는 개인투자자들이 공매도 제도에 결사반대하는 이유가 이래서다.

▲ 공매도로 돈 버는 법

앞 장에서 우리는 헤지펀드에 관해 배웠다. 헤지펀드는 무조건 높은 수익률을 목표로 하는 게 아니라 어떤 상황에서도 꾸준한 수익률을 목표로 한다. 그런데 말이 쉽지, 시장의 호불황에 관계없이 수익률을 꾸준히 올리는 것은 매우 어렵다. 2008년 글로벌 금융 위기처럼 거의 모든 종목의 주가가 폭락하는 하락장에서는 더욱 그렇다. 그래서 미국 헤지펀드에 롱쇼트 전략이 발전했다. 이 전략을 쓰면 하락장이건 상승장이건 일정한 수익을 내는 일이 가능하다.

예를 들면 이런 식이다. 삼성전자와 SK하이닉스 두 종목이 있다.

두 종목 모두 반도체 산업과 관련한다. 문제는 반도체 관련 종목이 경기를 무지하게 탄다는 점이다. 경기가 좋고 반도체 수요가 많아지면 주가가 동시에 왕창 오른다. 반대로 경기가 나쁘고 반도체 수요가 적어지면 두 기업 다 주가가 크게 떨어진다. 헤지펀드가 두 종목을 똑같은 방식으로 사들이면 경기가 좋을 때는 큰돈을 벌겠지만, 반대로 경기가 나쁘면 큰돈을 잃을 테다. 이때 롱쇼트 전략이 등장한다.

아무리 똑같이 반도체를 만들더라도 더 유망한 종목과 덜 유망한 종목이 있게 마련이다. 삼성전자는 앞으로 주가가 20퍼센트 정도 오를 것이 기대되는 반면, SK하이닉스는 10퍼센트 정도만 오를 법하다고 가정해 보자. 이때 헤지펀드는 더 유망한 삼성전자를 사고(long), 덜 유망한 SK하이닉스에 공매도를 건다(short). 마침 주식가격이 상승하는 상승장이어서 기대만큼 두 종목이 20퍼센트와 10퍼센트씩 올랐다고 하자. 헤지펀드는 삼성전자에서 20퍼센트 수익을 내고 SK하이닉스에서는 10퍼센트 손실을 봤을 것이다(공매도는 주가가 하락해야 돈을 버니까). 하지만 이래도 헤지펀드는 10퍼센트의 안정적인 수익을 낼 수 있다.

반대로 하락장이 오면 어떨까? 코로나19 사태나 글로벌 금융 위기 같은 일이 터지면 아무리 전망이 좋은 종목의 주가도 하락한다. 전망이 좋던 삼성전자의 주가가 10퍼센트 내리고, 전망이 나쁘던 SK하이닉스가 20퍼센트가량 크게 내려간다. 하지만 헤지펀드는 이익을 얻는다. 삼성전자에서 10퍼센트 손실을 봐도 SK하이닉스에서 20퍼센트 수익이 나기 때문이다(다시 강조하지만, 공매도는 주가가 내려가야 이익을 얻으므로). 이런 전략을 취하면 하락장에서도 안정적인 수익을 낼 수 있다.

공매도는 금융시장에서 다양한 전략을 사용할 수 있게끔 한 기폭제가 됐다. 긍정적 효과가 작지 않았다는 이야기다. 그럼에도 여전히 공매도에 반대하는 개인투자자가 대부분이라는 사실 또한 잊지 말아야 한다. 공매도가 지금처럼 대형 기관투자자나 외국인투자자에게만 유리하게 설계된 제도라면 금융시장의 공정성이 훼손되는 것을 막을 길이 없다. 공매도에 여러 제도적 보완이 필요한 이유다.

탈 많은 금융시장이 주인공인 영화

〈**인사이드 잡**(Inside Job)〉(2010, 찰스 퍼거슨 감독)
미국 서브프라임모기지 사태를 다룬 다큐멘터리. 전 세계가 수십 조 달러의 빚더미에 올라앉고 3,000만 명이 해고되며, 5,000만 서민들이 극빈자가 되는 아수라장을 다큐멘터리로 담았다. 당시 금융계에서 위기를 관리했거나, 정치계에서 일하던 인물들의 실제 목소리도 담겨 있다. 세계경제를 파탄으로 내몬 뒤에도 여전히 돈과 권력을 손에 쥐고 있을 주범들은 과연 어디 있는지 생각해 보게 한다.

〈머니 몬스터(Money Monster)〉(2016, 조디 포스터 감독)

긴장감 넘치는 금융 정보 생방송으로 세계 금융시장을 좌우하는 최고의 경제 쇼 '머니 몬스터' 스튜디오에 On Air 불이 켜진 그 순간, 총성과 함께 괴한이 난입해 진행자 '리 게이츠'(조니 클루니 분)를 인질로 잡는다. 그는 이 방송을 보고 전 재산을 IBIS에 투자했다가 주가가 폭락해 나락에 떨어졌다며 진실을 밝히라고 요구한다. 월스트리트를 충격으로 몰아넣은 라이브 쇼 이야기를 통해 금융 사기를 대하는 뭇 투자자들의 심정을 이해하게 된다.

〈작전〉(2009, 이호재 감독)

주식시장이라는 탐욕의 무대 위에서 벌어지는 치밀한 심리전과 배신을 다룬 범죄 드라마다. 인생 역전을 꿈꾸며 주식에 투자했다가 신용 불량자 신세가 되었던 '강현수'(故박용하 분)는 독기를 품고 매진하여 프로 개미 투자자가 된다. 우연히 소문난 전설의 작전 세력 리더를 만나게 된 현수는 그의 일에 합류하면서 본격적으로 '작전'에 뛰어든다. 위험한 작전은 끝을 향해 달려가고, 현수는 최종 선택의 기로에 선다. 현대 자본주의사회에서 돈과 도덕이 충돌할 때 인간이 어떻게 흔들릴 수 있는지를 깊이 있게 조명한다.

〈돈〉(2019, 박누리 감독)

부자가 되고 싶은 꿈을 품고 여의도 증권가에 입성한 신입 주식 브로커 '조일현'(류준열 분). 이른바 '빽'도 '줄'도 없는, 수수료 0원의 그는 곧 해고 직전의 처지로 몰린다. 위기의 순간, 베일에 싸인 신화적인 작전 설계자 '번호표'(유지태 분)를 만나게 되고, 막대한 이익을 챙길 수 있는 거래 참여를 제안받는다. 그러나 거대한 금융 사기에 휘말려 금감원의 추적을 받고 비극에 이른다. 한국 금융시장의 이면을 조명하며, 개미 투자자들이 알지 못했던 주식 브로커의 세계를 다룬다.

3부:
진짜 힘은 누구에게 있을까?

개인투자자
기업
정부

가치를 믿을까, 속도를 탈까?

누군가는 '지금 오르는 주식에 올라타야 한다'고 하고, '기업 가치를 믿고 묵묵히 기다려야 한다'고 조언하는 사람도 있다. 누구는 차트만 보고 사고 파는데, 누구는 재무제표를 들여다보며 '진짜'를 찾는다.

이 장에서는 바로 그 두 가지 투자 방식, 모멘텀투자와 가치투자에 대해

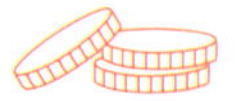

▲ 투자 고수와의 논쟁

종합 일간지에서 증권 기자로 일하던 시절, 증권업협회가 주선한 투자 고수들의 강연을 들은 적이 있다. 그곳에서 나는 한 투자 고수와 약간의 언쟁을 벌였다. 그와 나의 투자관이 조금 달랐기 때문에 생긴 일이었다.

투자 고수의 주장은 이랬다. 주식은 오르는 종목만 오른다. 왜냐하면 오르는 종목에 사람들이 관심을 갖기 마련이고 '더 오를 것이다'라는 기대 덕에 투자 수요가 계속 몰리기 때문이다. 그는 강조했다. "종목 이름을 절대 보지 마라." 종목보다는 지금 오르고 있느냐, 즉 주가 추이가 더 중요하다는 입장이었다. 그러면서 "종목 이름은 다 가려 버리고, 52주 신고가 종목만 쭉 나열해서 거기에 집중적으로 투자하라."

라고 덧붙였다.

'52주 신고가'란 특정 주식의 현재 주가가 52주, 즉 최근 1년 동안 가장 높은 수준에 올랐다는 의미다. 한마디로 1년 중 가장 비싼 주가를 말한다. 그런데 이 방법은 좀 찜찜하다. 실적도 보지 말고 회사 이름도 보지 말고 투자하라니, 말 그대로 깜깜이 투자 아닌가? 만약 망해 가는 회사면 어쩔 것인가?

이런 불안감을 잠재우기 위해 투자 고수가 내놓은 대안이 있다. 일단 오르는 종목에 함께 올라탄 뒤 주가가 계속 오르거든 그냥 즐겨라. 언젠가 주가가 꺾이는 날이 오겠지만 하루이틀 하락하더라도 겁먹지 말고 버텨라. 상승 추세는 쉽게 꺾이지 않는다. 그러다가 진짜 주가 추이가 꺾이는 날이 온다. 그걸 어떻게 아느냐? 당연히 알 수 없다. 그래서 주가가 쭉 하락하면 주식을 파는 타이밍을 잡아야 한다. 그게 언제냐? 내가 얻은 수익의 절반까지 주가가 하락했을 때다.

예를 들자면 이렇다. 1만 원에 샀는데 2만 원까지 오르면 '많이 올랐다. 이제는 팔아야지.' 이러지 말고 버티라는 거다. 상승 추세를 잘 타기만 하면 그게 3만 원 갈 수도 있고 4만 원 갈 수도 있기 때문이다. 다만 2만 원에서 주가가 꺾여 1만 5,000원까지 하락하면 그때는 미련 없이 던져야 한다. '2만 원에 팔았으면 수익률이 100퍼센트였잖아!' 아쉬워해서는 안 된다. 1만 5,000원에 팔았어도 50퍼센트라는 높은 수익을 올렸으니 그것에 만족해야 한다. 이 정도 여유가 있어야 오르는 종목에서 최대한 버틸 수 있다는 것이다.

대체로 사람들은 수익을 빨리 확정 지으려 하는 경향이 있다. 1만 원에 샀는데 1만 1,000원이 되면 '10퍼센트나 올랐어. 이쯤에서 빨리 수익을 결정해야지!' 하고 팔아 버린다. 그러지 말라는 게 투자 고수 주장의 요지다. 오르는 종목에 올라탔으면 최대한 버텨야 많이 벌 수 있다. 그러다가 2만 원에 못 팔고 1만 5,000원에 팔면 그건 운명이려 니 해야 한다.

이 투자 고수의 두 번째 투자 원칙이 있다. 오르는 종목에 올라탔 는데 더 안 오르고 바로 떨어질 경우, 손실률이 10퍼센트가 되면 무조 건 팔고 나오라는 것이다. 이해를 돕기 위해 다음과 같이 상상해 보자. 52주 신고가 종목에 올라탔는데 그게 하필이면 그날부터 주가가 꺾 이는 시점이었던 거다. 살다 보면 별의별 일을 겪기도 하니 충분히 그 런 일이 내게도 벌어질 수 있다. 그런데 이게 좀 위험한 상황이다. 왜 냐하면 갑자기 확 오른 주가는 갑자기 확 떨어지기 때문이다. 실적은 물론 종목 이름도 안 보고 투자했으니, 그 회사가 진짜 망해 가는 회 사였을 수도 있는 것이다. 그래서 투자 고수는 이런 상황일 때, 손실률 이 10퍼센트가 되면 무조건 팔고 나오라고 했다. 이를 '손절매(損切賣)' 라고 한다. 앞으로 주가가 더 하락할 것을 예상하여 더 큰 손실을 줄 이기 위해 손해를 감수하고 주식을 파는 것이다.

많은 사람이 이걸 잘 못한다. 손해가 나면 '언젠가는 다시 오를 거야.'라는 그릇된 믿음을 갖고 현재 보유한 주식을 절대 안 팔고 버틴다. 하지만 투자 고수는 "그러다가 진짜 망한다."라고 강조했다. 요약하자면 "오르는 종목에 함께 올라타라, 대신 10퍼센트 손절매의 원칙을 반드시 지켜라." 이것이 이 투자 고수의 투자 원칙이었다.

▽ 인간의 예측은 무의미한가?

그 당시 내가 투자 고수와 논쟁을 벌인 부분은 이런 것이었다. 만약 그분 말이 맞다면 사람들이 기업에 대해 분석하는 그 어떤 노력도 무의미해진다. 수많은 전문가가 종목 분석과 경제 전망에 매달린다. 그런데 투자 고수의 기법은 그런 수고와 노력과는 아무 상관이 없지 않은가. 그래서 내가 질문했다. "지금 우리나라 증시에 수천 명의 전문가들이 분석에 매달리는데 그게 하나도 쓸데없다는 겁니까?"

그는 "당연히 쓸데없다. 주가는 랜덤워크(Random Walk), 즉 제멋대로 움직인다. 그걸 예측한다고 노력하는 자체가 시간 낭비다. 그냥 주가 움직임만 따라가야 돈을 벌 수 있다."라고 답했다. 내가 다시 물었다. "그러면 기업을 경영하는 경영자가 기업을 더 나은 방향으로 이끄는 노력도 쓸데없는 겁니까? 고수님 말씀대로라면 경영자가 아무리 노력해도 주가는 랜덤워크로 움직이니 효과가 없다는 말씀으로 들립니다."

"당연히 그렇다. 경영자가 뭘 잘하려고 한들 그게 잘된다는 보장이 어디 있나? 다 운이고 랜덤워크다."라는 답이 돌아왔다. 그래서 내가 마지막으로 물었다. "고수님도 지금 고객 돈을 대신 운용해 주는 투자자문사 경영자인 것으로 아는데, 그러면 고수님 회사도 앞으로 어떻게 될지 모르겠네요? 좋은 수익률을 내려고 노력하는 일이 부질없다면요."

분위기가 싸해지면서 논쟁은 그쯤에서 마무리되었던 걸로 기억한다. 이 에피소드를 길게 소개한 이유가 있다. 그 투자 고수의 관점과 내 관점의 차이가 주식 투자를 대하는 대표적 두 관점의 차이, 즉 모멘텀투자와 가치투자의 철학을 단적으로 드러내기 때문이다.

참고로 나는 가치투자에 가까운 투자관을 가지고 있지만 이것이 무조건 옳다고 주장하지 않는다. 모멘텀투자로도 얼마든지 성공을 거둘 수 있고 가치투자자 중에서도 실패한 인물들이 꽤 있다. 둘 중 하나를 선택하라고 강요하기 위해 이 글을 쓰는 것도 아니다. 뭘 선택하든 투자자의 자유다. 다만 한 가지 꼭 강조하고 싶은 부분은, 하나를 선택했으면 그에 따르는 원칙을 지켜야 한다는 것이다.

▲ 모멘텀투자와 가치투자

그렇다면 모멘텀투자란 무엇일까? 모멘텀(momentum)은 운동량,

추진력, 가속도 등등의 의미를 지닌 단어다. 투자 고수의 주장처럼 주가의 움직임에만 집중하는 투자 기법이 바로 모멘텀투자다. 오르는 종목은 가속도가 붙어 더 오르기 마련이고 내리는 종목 역시 가속도가 붙어 더 떨어지기 마련이다. 그래서 모멘텀투자를 '추세 추종형 투자'라고도 부른다. 추세를 거스르지 말고 따르라는 것이다. 이런 투자가 중요하게 보는 종목은 당연히 오르는 추세에 있는 종목이다. '달리는 말 위에 올라타라.'라는 주식 격언이 있는데 이게 바로 모멘텀투자의 핵심이다.

또 한 가지 모멘텀투자에서 중요한 건 손절매다. 한 번 떨어지기 시작한 추세는 웬만해서는 오름세로 돌아오지 않는다. 그래서 5퍼센트건 10퍼센트건 손실을 보면 뒤도 돌아보지 말고 팔아야 한다. 이 과정에서 종목의 명성이나 기업의 실적은 거의 중요하게 보지 않는다.

이와는 정반대에 위치한 투자 전략이 가치투자 전략이다. 주식 투자의 대가로 꼽히는 앙드레 코스톨라니라는 헝가리 출신의 투자자가 있다. 그는 "주식을 사라. 그리고 수면제를 먹어라. 10년 뒤 깨어나 보면 부자가 되어 있을 것이다."라는 명언을 남겼다. 코스톨라니는 '강아지 이론'으로도 유명했다. 그에 따르면 '기업 가치'가 '주인'이라면 '주가'는 주인과 함께 산책하는 '강아지'다. 강아지와 산책해 본 사람은 알 것이다. 강아지는 주인 뒤를 따르기도 하지만 주인보다 앞서 나갈 때도 있다. 주가도 비슷하다. 기업 가치로 보면 1만 원짜리 주식인데,

주가가 1만 1,000원일 때도 있고 9,000원이 될 때도 있다.

하지만 산책하는 강아지는 앞서거니 뒤서거니 해도 결국 주인과 동행하게 돼 있다. 주인이 동쪽으로 가는데 서쪽으로 가는 강아지는 없다는 말이다. 일시적으로 앞서거니 뒤서거니 해도 결국 본질인 주인에게 다가간다는 것, 이것이 주식 투자의 본질이라는 게 코스톨라니의 조언이다.

코스톨라니 이야기에는 가치투자의 철학이 담겨 있다. 가치투자자는 기업의 본질(실적)에 비해 주가가 낮게 형성된 종목을 산다. 분석해 보니 1만 원짜리인데 하필 그때 강아지가 조금 뒤처져서 주가가 9,000원에 형성됐다. 이런 종목을 사는 것이다. 그다음 뭘 하느냐? 아무것도 안 한다. 강아지가 주인 곁에 올 때까지, 즉 주가가 1만 원이 될 때까지 기다린다. 기다림 끝에 강아지가 주인 곁에 오면 그때 주식을 판다. 기업의 가치에 비해 주가가 싼 종목을 고르고, 시간이 얼마나 걸리건 기다리는 것. 그것이 가치투자다.

▽ 두 전술의 차이점

가치투자는 모멘텀투자와 정반대의 접근 방식이라고 보면 된다. 일단 가치투자를 할 때는 종목 분석이 매우 중요하다. 이 종목의 주가가 저평가됐는지 고평가됐는지를 알려면 기업의 실적을 봐야 하기 때문이다. 반면에 모멘텀투자는 종목이 아니라 주가의 움직임에 집중한다.

주가 하락에 대한 관점도 다르다. 가치투자자들은 주가가 하락하면 그것을 기회로 여긴다. 기업 가치가 1만 원인데 주가가 9,000원이다? 이러면 10퍼센트는 거저먹는 거다. 기다리면 1만 원이 될 테니까. 언젠가 강아지는 주인 곁에 온다는 것이다. 그런데 내가 주식을 샀더니 더 떨어져서 8,000원이 됐다? 모멘텀투자자들은 뒤도 안 돌아보고 손절매하겠지만, 가치투자자들은 "주가가 더 떨어졌어? 1만 원짜리를 8,000원에 판다고? 완전 바겐세일이네!" 환호하며 주식을 더 사들일 것이다.

주가가 떨어졌을 때 주식을 더 사 모으는 전략을 '물타기'라고 한다. 손절매와 정반대의 전략이다. 가치투자자들은 물타기 기회가 오면 매우 기쁘게 물타기에 가담한다.

주가가 오를 때도 두 투자 전략의 관점은 아예 다르다. 모멘텀투자자들은 주가가 오르면 당연히 더 오를 것이라고 믿는다. 그래서 일부 모멘텀투자자들 중에는 주가가 오를 때 주식을 추가로 더 사는 전략을 쓰기도 한다. 이런 전략을 물타기와 반대 포지션이라는 의미로 '불타기'라고 부른다. 하지만 가치투자자들은 다르다. 1만 원짜리를 8,000원에 싸게 샀다. 그런데 주가가 올라서 1만 원이 됐다. 이제 이 주식은 가치가 없다. 가치투자자들이 중시하는 것은 기업 가치보다 주가가 싼 종목이기 때문이다. 그래서 이들은 8,000원에 산 주식이 기업 가치라 판단한 1만 원에 이르면 추세고 뭐고 뒤도 안 돌아보고 팔아 버린다.

이제 이 두 투자전략의 차이가 이해됐을 것이다. 그때 당시 내가 투자 고수에게 던진 질문은 가치투자자 입장에서의 질문이었다. 나는 기업을 분석하는 노력이 반드시 필요하다고 믿었고, 기업 가치에 비해 싼 종목을 찾는 것도 가능하다고 보는 쪽이었다. 그 투자 고수는 모멘텀투자자로서 사람들의 그런 노력들이 다 부질없다고 보는 쪽이었고 말이다.

이제부터가 중요하다. 다시 한번 강조하지만, 두 전략 중 무엇이 좋다고 말하려는 것이 아니다. 나는 가치투자를 지지하지만 모멘텀투자도 충분히 훌륭한 전략이다. 문제는 투자자들이 이 두 전략을 엉망으로 섞어서 쓴다는 데 있다.

예를 들면 이런 거다. 기업 가치가 1만 원이라고 분석했고 현재 주가가 8,000원이어서 싸다는 이유로 그 주식을 샀다. 이건 가치투자의 관점이다. 그런데 시기가 안 좋아서 그 종목 주가가 7,000원으로 떨어졌다. 여기서 "에이, 틀렸네. 손절매해야지." 이러면 안 된다. 가치투자를 한 것 아닌가? 기업 가치가 1만 원이라고 믿었고 그 분석에 의심이 없다면, 주가가 떨어질 때 손절매가 아니라 물타기를 해야 한다.

반대로 요즘 한창 뜨는 종목에 올라탔다고 해 보자. 그 회사가 뭘

하는지는 잘 모르지만 인기가 엄청나기에 투자했다. 이건 모멘텀투자의 관점이다. 그런데 그 회사 주가가 1만 원일 때 샀는데 추세가 꺾여 9,000원이 됐다. 이러면 손절매해야 한다. 모멘텀투자라는 건 추이가 꺾이면 팔고 나와야 하는 것이기 때문이다. 그런데 대다수 투자자가 "내가 투자한 거니까 언젠가 오를 거야." 이렇게 막연히 기다린다. 심지어 그 회사 실적이 어떤지도 모르면서 주가가 떨어지면 물타기까지 한다. 그러다가 진짜 망하는 사람 여럿 봤다.

가치투자를 했다면 기업을 바라보고 기다릴 줄 알아야 한다. 모멘텀투자를 했다면 손실을 인정하고 미련 없이 손절매해야 한다. 둘 중 무엇을 선택해도 좋다. 다만 하나를 선택했으면 그 방식에 집중해야 한다. 뚜렷한 철학 없이 그날 기분에 따라 부화뇌동하는 것, 이것이야말로 최악의 투자 기법이다.

기계가 주식을
사고판다고?

요즘 주식시장에서는 '사람이 샀을까, 로봇이 샀을까?'가 꽤 중요한 문제다. 이제는 사람 대신 컴퓨터가 주식을 사고파는 시대기 때문이다. '프로그램매매'라고 불리는 이 거래 방식은, 말 그대로 컴퓨터가 미리 짜인 알고리즘대로 주식을 사고파는 것이다. 문제는 이게 시장 전체에 영향을 줄

수 있다는 점이다. 내가 산 주식의 가격도, 사실은 사람 대신 기계가 움직였던 탓일 수 있다는 말이다.

이번 장에서는 이 낯선 개념인 '프로그램매매'가 도대체 뭔지, 왜 생겼는지, 그리고 우리 같은 일반 투자자에게 어떤 영향을 주는지를 하나씩 파헤쳐 보려고 한다.

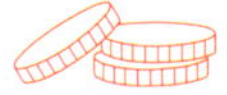

▲ 가장 어려운 난관

내가 이 책에서 가장 피하고 싶던 장이 왔다. 이유는 단 하나다. 프로그램매매라는 개념이 이해하기 매우 어렵기 때문이다. 현실에서 내가 이것을 말로 설명했을 때 제대로 알아듣는 사람을 열에 하나도 발견하기 어려웠다. 그럼에도 이 고비는 반드시 넘어가야 한다. 증시의 메커니즘을 파악하고자 할 때 프로그램매매에 대한 이해는 필수적인 까닭이다. 그래서 독자분들도 각오를 단단히 하고, 이번 장을 잘 따라와 주시길 당부한다.

프로그램매매를 이해하기 위해서는 주가지수 선물과 코스피200 지수에 대한 이해가 필수다. 다행스럽게도 우리는 앞에서 이 두 가지 모두를 알아봤다(74쪽과 93쪽을 참고하라). 이번 장에서 주가지수 선물과 코스피200 지수가 자주 등장할 텐데, '그게 뭐였더라? 귀찮으니까 일단 넘어가자.' 하는 태도를 보여선 안 된다. 기억이 가물가물하다면 앞장으로 돌아가 반드시 다시 이해하고 돌아와야 한다. 우리는 금융시장을 이해하기 위해 이 책을 집어들었다. 이왕 마음먹었으니 제대로 한번 이번 난관을 돌파해 보자.

프로그램매매란 뭘까? 쉽게 말해 나 대신 컴퓨터 프로그램이 매매해 주는 것이다. 어떻게 하는 걸까? 코스피200 지수를 떠올려 보자. 코스피시장에 상장된 종목 중 가장 비중이 큰 200개 종목을 추려내 따로 만든 지수를 뜻한다. 인덱스펀드라는 것도 배웠다. 코스피200 지수를 따라 움직일 수 있도록 종목 구성을 한 펀드다. 이 말은 종목만 잘 계산해서 비중을 조절하면 코스피200 지수를 완전히 복사해 움직이는 포트폴리오를 만들 수 있다는 이야기다. 바로 이걸 컴퓨터가 대신해 준다. 200종목을 비중에 따라 한 묶음으로 만든 뒤 컴퓨터가 사고팔아서 코스피200 지수처럼 움직이도록 하는 것이 바로 프로그램매매다.

여기까지 이해됐다면 "무슨 말인지 알겠는데 그게 나랑 무슨 상관인가요? 내가 인덱스펀드를 직접 운용할 것도 아닌데요?"라는 질문이 당연히 나와야 한다. 맞다. 나는 프로그램매매라는 걸 평생 할 일이 없다. 내가 기관투자자도 아니고 인덱스펀드를 운용할 것도 아니기 때문이다. 정 인덱스를 추종하는 포트폴리오를 만들고 싶으면 컴퓨터

앞에서 낑낑댈 게 아니라 그냥 인덱스펀드에 가입하면 된다. 심지어 인덱스펀드는 수수료도 얼마 떼 가지 않는다.

그런데 프로그램매매는 현실 주식시장에서 막강한 영향력을 미칠 때가 아주 많다. 그런 까닭에 주식 투자자라면 이걸 이해해야 한다.

▽ 선물과 현물이 차이를 보일 때

자, 이제 앞에서 언급한 주가지수 선물이 등장한다. 앞에서도 이야기했지만 주가지수 선물은 주가지수가 앞으로 어떻게 움직일지를 두고 '오른다' 쪽과 '내린다' 쪽이 돈을 거는 일종의 도박이다. 이때 도박의 대상이 되는 지수가 바로 코스피200 지수다. 코스피200 지수가 만기일까지 오를 것 같은 사람은 지수를 '매수'하고, 내릴 것 같은 사람은 '매도'한다.

한바탕 양쪽의 베팅이 끝나면 '오른다'에 건 사람이 많은지, '내린다'에 건 사람이 많은지 결과가 나온다. 이 결과가 어디에 표시되느냐? '코스피200 선물지수'라는 지표에 표시된다. 주의해야 할 대목이 있다. 이건 코스피200 지수와 다른 개념이라는 점이다. 엄연히 '선물'이라는 글자가 더 들어가 있다. '오른다' 쪽에 건 사람이 많으면 선물을 매수한 사람이 많다는 뜻이니 당연히 코스피200 선물지수가 오른다. '내린다' 쪽에 건 사람이 많으면 선물을 매도한 사람이 많다는 뜻이니 당연히 이 지수는 하락한다.

　이쯤에서 또 다른 궁금증이 생긴다. 코스피200 지수는 코스피를 구성하는 주요 200종목을 대상으로 산출한 지수다. 그런데 지수라는 게 원래 미래를 내다보고 형성된 것이다. 주가의 본질이 그런 거 아닌가? 미래가 지금보다 좋아질 것이라고 믿으면 주식을 많이 사고 그래서 주가가 오르는 거다. 주식이란 근본적으로 미래 가치를 반영한 값이니 말이다.

　그렇다면 코스피200 지수와 코스피200 선물지수가 다를 이유가 있을까? 코스피200 지수도 200종목의 미래를 반영한 것이고, 코스피200 선물지수는 당연히 선물, 즉 미래에 오를 것인가 내릴 것인가를 두고 벌인 베팅이므로 둘 다 미래 가치를 내다본 것이다. 그래서 본질적으로 이 두 숫자는 다를 수가 없다.

　좀 쉽게 이야기해 보자. 만기일이 내일이다. 그런데 오늘 코스피200 지수가 100인데 코스피200 선물지수가 150이다. 이게 가능할까? 이론적으로 절대 불가능하다. 코스피200 선물지수가 150이라는 이야기는 만기일인 내일 코스피200 지수가 150까지 오른다고 선물 투자자들이 믿는다는 뜻이다. 그런데 정작 코스피200 지수는 100밖에 안 된다. 만기일까지 하루밖에 안 남았는데!

　이 말은 선물 투자자들과 현물 투자자들이 내다보는 미래가 달랐다는 이야기다. 현물 투자자들은 만기일인 내일 코스피200 지수가 150까지 뛸 거라고 절대 보지 않았다. 만약 그렇게 오를 것이라 믿었다면 매수자들이 폭증해 코스피200 지수도 어떻게든 150 언저리까지 뛰었을 것이다. 반대로 선물 투자자들은 하루 만에 50퍼센트가 더 오를 것이라고 굳게 믿은 거다. 그런 게 아니라면 만기일이 하루밖에 안 남았는데 선물지수가 150에서 버틸 수가 없다. 선물시장에서도 '내린다' 쪽에 거는 사람이 당연히 많아질 것이므로 선물지수도 이에 맞게 100 언저리까지 하락해야 맞다.

▲ 주가지수 차익 거래

이제 본론으로 들어갈 시점이다. 2025년 4월 11일 오후 2시 기준으로 코스피200 지수는 320.90이다. 반면 코스피200 선물지수는 321.70이다. 선물 가격이 현물 가격보다 살짝 높았다. 이 말은 현물시상에서 주식을 사고파는 사람들이 보는 미래에 비해 선물을 거래하는 사람들이 보는 미래가 조금이라도 더 밝았다는 뜻이다.

다시 한번 정리해 보자. 이론적으로는 주식시장에서 현물과 선물 가격이 차이가 나서는 안 된다. 주식도 미래를 반영한 것이고 선물도 미래를 점치는 것이기 때문이다. 그런데 종종 시장 참여자들의 전망이 엇갈리면서 이처럼 현물과 선물 가격이 차이가 날 때가 있다. 이때가 바로 컴퓨터를 잘 굴리는 대형 기관투자자들에게는 속된 말로 꿀 빠는 기회의 순간이다. 만약 여러분에게 누군가 "돈을 잃을 가능성은 0퍼센트인데 반드시 돈을 딸 기회가 있다."라고 유혹하면 그걸 외면하겠는가? 당연히 모두가 참여할 것이다. 실제 증시에서 이런 꿀 빠는 기회가 있다. 언제냐 하면? 현물과 선물 참가자들의 의견이 엇갈려 두 지수가 격차를 보일 때다.

아까와 같은 예를 들어 보자. 현물 가격은 100, 선물 가격은 150이다. 선물시장 참가자들이 현물시장 참가자들에 비해 미래를 훨씬 좋게 보고 있는 상황이다. 이때 프로그램매매가 가능한 대형 투자자들이 '꿀 빨기'에 돌입한다.

선물이 현물보다 훨씬 높은 이유는 둘 중 하나다. 선물이 과대평가됐거나 현물이 과소평가됐거나다. 물론 둘 중 뭐가 정답인지 모른다. 이런 상황에서 과대평가됐을 가능성이 있는 선물을 매도하고 과소평가됐을 가능성이 있는 현물을 매수하는 거다. 바로 이때 프로그램매매가 등장한다. 현물을 살 때 프로그램으로 사야 지수와 똑같이 연동되기 때문이다.

이러면 어떻게 되느냐 하면? 현물 가격이 100, 선물 가격이 150, 이 괴리는 만기일에 반드시 해소된다. 만기일이면 선물시장이 끝나는 날이므로 선물이 더 이상 미래가 아닌 현재가 된다. 즉 만기일에는 '현물 가격=선물 가격'이 되는 것이다. 얼마로 마무리할 것인가? 그건 아무도 모른다. 대략 100과 150 사이 어디쯤, 예를 들어 125쯤에서 결정됐다고 해 보자.

현물이 100일 때 이게 과소평가됐다고 보고 프로그램매매를 통해서 지수를 매수했으므로 만기일에 지수가 125까지 오르면 무려 25퍼센트나 이익을 본다. 선물시장에서는 선물지수가 과대평가됐다고 보고 매도, 즉 '내린다'에 걸었으므로 여기서도 25퍼센트 이익을 본다. 양쪽에서 무조건 이익을 보는 구조다. 이렇게 들어가면 손실이 절대 발생하지 않기 때문에 참으로 환상적인 방법이 아닐 수 없다.

만약 예상과 달리 만기일에 현물과 선물이 동시에 폭락해 80으로 떨어졌다고 가정해 보자. 현물지수 100 상태에서 매수했으니 20퍼센트 손실이 난다. 하지만 선물지수 150 상태에서 '내린다'에 걸었으므로 여기서는 최소 70퍼센트 이상 이익을 본다. 손실과 이익을 더하고 빼면 반드시 이익이 난다.

만기일에 현물과 선물이 동시에 폭등해 170으로 올라도 마찬가지다. 선물에서는 지수 150 상태에서 '내린다'에 걸었으므로 20퍼센트가량 손해를 보지만 현물에서 지수 100 상태에서 매수했으므로 70퍼센트 이익이다. 마찬가지로 더하고 빼고 하면 무조건 이익이다.

▽ **내 주식에 미치는 영향**

이건 어떤 전망이나 분석에 따른 일이 아니다. 그냥 기계적으로 하는 것이다. 그래서 현물지수와 선물지수 사이에 괴리가 생기면 기관투자가들의 컴퓨터는 기계적으로 프로그램매매에 들어간다. 이런 개입 때문에 현물과 선물지수는 다시 비슷해진다.

하지만 그러다 보면 또 각 시장 투자자의 의견이 엇갈려 두 지수가 벌어지는 순간이 꼭 생긴다. 이때 또 컴퓨터가 기계적으로 개입해 그 사이에서 차액을 먹는다. 그 영향으로 다시 두 지수는 비슷해진다. 이 과정이 반복되는 와중에 차액은 고스란히 기관투자자들의 수중에 들어간다.

이제 진짜 본론이다. 프로그램매매가 우리 개인투자자에게 왜 중요한가? 우리는 프로그램매매를 할 능력이 없고 주가지수 차액 거래는 더더욱 할 수 없다. 하지만 이런 차액 거래가 내 종목에 미치는 영향이 있다. 이걸 이해해야 한다.

예를 들어 내가 삼성전자 주식을 샀다. 삼성전자는 코스피200 지수에서 가장 큰 비중을 차지하는 종목이다. 당연히 프로그램매매 대상이다. 그런데 어느 날 기대하지도 않았는데 삼성전자 주가가 급격히 오른다. 누군가가 이 주식을 막 사들이는 거다. 이때 누구인지를 잘 살펴야 한다. 프로그램매매를 모르는 사람이면 '아싸, 누군가 삼성전자를 막 사들이고 있어. 주가 전망이 좋은가 보다. 신난다. 더 사 볼까?' 이런 오해를 할 수 있다. 프로그램매매를 안다면, 매매 동향을 살펴볼 테다. 살펴보니 그 주식을 산 주체가 전부 컴퓨터다. 프로그램매매가 확실한 것이다. 이게 어떤 상황이냐면 코스피200 지수 현물 가격과 선물 가격 사이에 괴리가 생기는 바람에 기계적으로 컴퓨터가 삼성전자를 샀다는 이야기다. 주가 전망과는 아무런 관련없는 매매였다는 뜻이다.

이런 까닭에 프로그램매매를 보고 희망에 들뜨거나 절망에 빠질 필요가 없다. 그건 그냥 기계적으로 벌어진 잠깐의 일일 뿐이다. 이걸 알아야 자신이 보유한 종목의 매매 동향을 제대로 이해할 수 있다. 어렵고 복잡한 과정이었지만 프로그램매매에 대해 우리가 꼭 이해하고 넘어가야 하는 이유다. 어려운 과정을 끝까지 따라와 주신 독자분들에게 감사드린다. 수고하셨다!

환율이 왜
주식시장을 흔들까?

환율은 다른 나라로 여행 가기 전 공항에서 환전할 때나 쓰는 거 아니었던

가? 그런데 이 환율이라는 녀석이 주식시장까지 흔들어 놓는단다. 외국인

투자자가 많은 종목일수록 그 영향은 더 크고 말이다.

이 장에서는 환율이 어떻게 주가를 흔들고, 외국인투자자가 왜 환율을 보고 움직이는지, 그리고 개인의 주식 투자에 환율이 어떤 영향을 미칠 수 있는지를 쉽게 풀어 설명해 보려 한다.

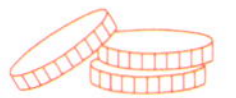

▲ 최상목 부총리의 미국 국채 투자

'주식백지신탁'이라는 제도가 있다. 간단히 말하면 고위 공직자가 직무와 관련된 주식을 갖고 있을 경우 해당 주식을 매각하거나 대리인에게 맡겨 관리하게 하는 제도다. 도입된 이유는 간단하다. 예를 들어 국방부 장관이 무기를 제작해 파는 무기 회사 주식을 보유하고 있다고 해 보자. 국방부 장관이라면 그 회사와 관련된 정보를 누구보다 빨리 얻을 수 있다. 그리고 그 정보를 이용해 주식을 사고팔아 엄청난 이익을 챙길 수도 있다. 이린 문제를 사전에 막기 위해 주식백시신탁 제도를 도입한 것이다. 고위 공무원이 되었다면 관련 주식에 눈독 들이지 말고 절대 다른 생각 말고 공무원으로서 공정하게 업무에 임하라는 취지다. 자신의 이득이 1순위라면 고위 공무원이 될 생각을 하지 말라는 뜻이기도 하다.

이 말은 국가의 중대사를 결정할 권한이 있는 고위 공무원의 경우 자신의 결정이 자신의 재산 증감에 영향을 미쳐서는 안 된다는 뜻이기도 하다. 그런데 이런 취지를 생각할 때 매우 부적절한 행동을 한 고위 공무원이 있었다. 2025년 초에 불거진 최상목 당시 부총리 겸 기획재정부 장관의 미국 국채 투자 논란이 그것이다.

최상목 전 부총리는 원달러 환율이 치솟던 2024년 말, 2억 원 상당의 '미국 30년 만기 국채'에 투자했다. 이 사실은 2025년 3월 정부 공직자윤리위원회의 공직자 정기 재산 변동 사항 공개 때 밝혀져 큰 논란이 되었다. 미국 30년 만기 국채는 말 그대로 미국 정부가 발행한 만기 30년짜리 국채다. 국채가 무엇인지, 회사채와의 차이가 무엇인지, 채권의 만기가 어떤 의미인지 등은 앞에서 충분히 설명했으므로 여기서는 생략한다.

다만 한 가지만 상기하자면 앞에서도 말했듯 국채는 회사채보다 안전하다. 그리고 모든 국채 중 가장 안전하다고 여겨지는 국채가 미국 국채다. 세상에서 가장 망할 확률이 낮은 나라가 미국이기 때문이다. 최상목 당시 부총리가 이 안전한 미국 국채에 2억 원 정도를 투자했다는 것이다.

이게 왜 문제가 되냐면 우리나라 사람이 미국 국채에 투자했을 경우 환율에 따라 수익이 아예 달라지기 때문이다. 예를 들어 원달러 환율이 1,000원일 때 연 이자율 10퍼센트로 미국에 1억 원을 투자했다고 가정해 보자. 1년이 지나면 원금 1억 원에 이자 1,000만 원을 더해 1억 1,000만 원을 받는다. 이렇게 말하면 아무 문제가 없어 보인다.

그런데 우리가 편의상 '1억 원을 투자했다.'라고 표현해서 그렇지 사실 미국에 투자할 때는 원화가 아니라 달러로 한다. 곧 1억 원이 아니라 10만 달러를 투자했다는 이야기다. 그래서 정확히 계산하자면 '원금 1억 원+이자 1,000만 원'이 아니라 '원금 10만 달러+이자 1만 달러'가 맞다. 투자자는 1년 뒤 1억 1,000만 원이 아니라 11만 달러를 받는 거다.

이 두 가지는 완전히 다른 이야기다. 왜냐하면 내가 투자할 때는 원달러 환율이 1,000원이라 해도 1년 뒤 환율이 그대로 1,000원이라는 보장이 없기 때문이다. 만약 환율이 1년 사이 크게 올라 1,500원으로 뛰었다면 어떤 일이 벌어질까? 원금과 이자 11만 달러를 받는 것은 똑같은데 이걸 원화로 바꾸면 1억 1,000만 원이 아니라 1억 6,500만 원(11만 달러×환율 1,500원)이 된다. 투자와 상관없이 환율 변동으로 투자 수익이 50퍼센트가 늘어난 셈이다. 그래서 외국에 투자했을 때, 특히 달러로 투자했을 경우에는 환율이 오르면 투자자가 가만히 앉아서 큰 이익을 얻는다.

▽ 환율과 주식시장

최상목 전 부총리의 투자가 문제가 된 이유가 이것이었다. 2024년 말 당시 최 전 부총리는 윤석열 대통령 탄핵 심판과 한덕수 국무총리의 사퇴 여파로 기획재정부 장관 겸 부총리로서 우리나라의 행정 수반이자 경제 최고 사령탑을 도맡고 있었다. 그의 말 한마디, 그의 결정 하나에 환율이 얼마든지 움직일 수 있었다는 얘기다.

그런 고위 공무원이 미국 국채에 투자했으니, 논란이 되지 않을 수 있겠는가. 실제 그가 미국 국채를 사들인 이후 환율이 올라 그는 상당한 이익을 챙겼다. 일반 국민이라면 환율이 오를지 내릴지 알 수도 없고 환율에 영향을 미칠 수도 없어 전혀 문제가 되지 않을 투자였지만 강력한 영향력을 지닌 국가 경제 사령탑이 그렇게 했으니 논란이 커진 셈이다.

이 이야기를 강조하는 이유는 환율이 투자수익률에 매우 큰 영향을 미친다는 점을 말하기 위해서다. 우리나라 주식시장은 우리 국민뿐 아니라 외국 투자자들도 매우 자유롭게 투자한다. 우리나라 증시에 투자된 금액 중 30~40퍼센트는 외국 자금이다. 그래서 외국인투자자들이 우리나라 증시에 더 많은 돈을 쏟아부으면 주가가 오르곤 한다. 반대로 이들이 주식을 팔기 시작하면 주가가 떨어질 확률이 높다. 이들의 비중이 그만큼 크다.

문제는 여기에 환율이 개입된다는 점이다. 우리나라 사람들이 우리 증시에 투자할 때는 기업의 전망, 혹은 주가의 추세를 주로 본다. 한국 돈으로 한국 증시에 투자하기 때문에 환율에 영향을 받을 이유는 별로 없다고 생각한다. 그런데 이건 사실이 아니다. 한국 사람이 한국 돈으로 한국 증시에 투자해도 환율 추이를 잘 봐야 한다. 환율이 주가에 직접적인 영향을 미치는 까닭이다.

▲ 환율이 오르면 주가는 떨어진다

지금부터는 조금은 까다로운 이야기들을 해 보려 한다. 혹시 좀 어렵더라도 끝까지 따라오기 바란다. 다행히 이런 내용들은 자전거 타기와 비슷해서 한 번 머릿속에 들어오면 나중에는 복잡한 내용도 절로 몸에 체득되곤 한다. 그리고 너무 걱정 마시라. 설명을 마치고 나면 '한 줄 요약'을 할 것이다. 그 한 줄 요약만 제대로 머릿속에 담아도 충분하다.

자, 한 줄 요약을 위해 과정을 조금만 거쳐 보자. 제대로 이해해 보려면 내가 외국인투자자라고 가정해 봐야 한다. 최면을 걸어 보자. 나는 현재 미국인이고 달러를 가지고 있다. 그리고 BTS의 활동을 매우 높게 평가해 하이브에 투자하기로 결정했다(2025년 4월 기준으로 실제 하이브 주식 중 20퍼센트가량이 외국인의 소유이기도 하다). 그러면 미국인인 나는 어떻게 하이브 주식을 살 수 있을까? 달러를 들이밀며 "하이브 주식 주세요." 할 수는 없는 노릇이다. 하이브는 코스피시장에 상장된 주식이므로 당연히 달러를 원화로 바꿔 주식을 사야 한다.

이렇게 달러를 바꾸는 시점에 원달러 환율이 1,000원이라고 가정해 보자. 미국인인 나는 10만 달러를 원화 1억 원으로 바꾼 뒤 이를 모두 하이브 주식에 투자했다. 이때 하이브 주가가 10만 원이었다고 치자. 1년을 기다려 주가를 보니 하이브 주가는 오르지도 내리지도 않은 10만 원에 그대로 머물러 있다. 손실도, 이익도 보지 않은 것 같다. 그런데 이게 그렇게 단순하지가 않다. 투자수익률은 0퍼센트, 즉 본전이지만 주식을 팔아서 달러로 바꾸면 놀랍게도 수익률이 달라진다.

1년 뒤인 현재 원달러 환율이 2,000원, 즉 갑절로 올랐다고 가정해 보자. 미국인인 나는 하이브 주식을 팔아 원화 1억 원을 마련한 뒤, 이걸 미국 돈으로 바꿨다. 그랬더니 내 손에 쥐어진 달러가 고작 5만 달러밖에 안 된다. 원달러 환율이 2,000원이라는 말은 2,000원을 줘야 1달러를 내준다는 뜻이다. 1억 원을 내놓아도 5만 달러밖에 안 주는 이유다.

주식 투자에서는 손실을 전혀 보지 않았는데 환율이 갑절로 오르는 바람에, 미국인인 나는 원금 10만 달러 가운데 무려 절반인 5만 달러를 날렸다. 어떤가? 이제 달러를 가진 외국인의 경우 한국에 투자했다가 원달러 환율이 오르면 손해 보는 이유가 체감되었을 것이다. 그리고 최상목 전 경제부총리처럼 우리나라 사람이 미국에 투자했다가 원달러 환율이 오르면 앉은자리에서 이익을 볼 수 있다는 것도 이해했으리라 믿는다.

▽ 내 종목에도 영향을 미친다

드디어 한 줄 요약을 할 차례다. 앞에서 언급한 모든 것을 다 잊어먹어도 좋다. 이 한 줄만 암기하고 머리에 담으면 된다. "환율이 오르면 외국인이 주식을 팔아 주가가 떨어진다. 환율이 내리면 외국인이 주식을 사서 주가는 상승한다."

이유는 간단하다. 앞에서 살펴봤듯 미국인이 한국 증시에 투자했는데 환율이 오르면 나중에 투자금을 회수해 달러로 바꿀 때 불리해진다. 그래서 외국인들은 원달러 환율이 오를 것 같으면 한국 증시에 투자하기를 꺼린다. 있는 주식도 팔아 버린다. 당연히 주가가 하락할 수밖에 없다. 반대로, 원달러 환율이 내릴 것 같으면 외국인들은 투자를 늘린다. 투자한 돈을 나중에 달러로 바꿀 때 훨씬 많은 돈을 챙길 수 있기 때문이다. 외국인 투자가 늘어나니 주가는 오르기 마련이다.

이런 까닭에 한국 사람이 한국 돈으로 한국 증시에 투자할 때도 환율을 고려해야 한다. 하이브처럼 외국인 투자 비중이 20퍼센트 정도 되면 외국인의 움직임이 주가에 큰 영향을 미친다. 삼성전자의 외국인 투자 비중은 무려 50퍼센트다. 환율에 훨씬 큰 영향을 받는다.

우리나라 환율이 1,500원을 뚫었던 때가 딱 두 번 있었다. 건국 이래 최악의 경제 위기로 손꼽힌 1997년 외환 위기 때가 첫 번째였다. 1997년 12월 23일, 원달러 환율이 무려 1,995원까지 치솟았다. 그해 초만 해도 원달러 환율이 800원 선이었으니 1년 만에 갑절 넘게 환율이 폭등한 것이다. 이러면 주가가 오를 수가 없다. 이듬해 코스피지수는 280까지 폭락했다. 2025년 4월 기준으로 코스피지수가 2,500 정도인 걸 감안하면 그 당시 주가가 얼마나 낮았는지 실감될 것이다.

원달러 환율이 1,500을 뚫은 두 번째 시기는 2008년 미국에서 글로벌 금융 위기가 터졌을 때였다. 1,900포인트 가까운 곳(1,897.13)에서 2008년을 시작한 코스피지수는 1,100포인트 가까운 곳(1,124.47)에서 한 해를 마감했다. 연간 하락률이 40.7퍼센트에 달했다. 역사상 세 번째로 큰 폭의 하락률이다. 코스닥지수는 그해 332.05로 마감했다. 연간 하락률이 무려 53.2퍼센트였다. 이런 폭락의 원인이 오로지 환율 하나 때문이라고는 볼 수 없으나 환율이 매우 큰 영향을 미쳤다는 사실은 부인할 수 없다.

마지막으로 한 가지 더 알아 둬야 할 사실이 있다. 우리나라 증시에는 2,000개가 넘는 종목이 상장돼 있는데, 이 중에는 외국인들이 아예 관심을 갖지 않는 종목도 수두룩하다. 외국인이 한 주도 사지 않은 주식이 널려 있다는 이야기다. 그런데 놀랍게도 이런 종목들도 환율에 영향을 받는다. 환율이 올라가면 달러로 투자한 외국인이 주식을 팔아 주가가 하락한다고 했다. 그렇다면 외국인이 한 주도 갖지 않은 종목은 환율에 영향을 받을 이유가 없지 않을까?

세상만사가 이론대로만 움직이는 게 아니다. 외국인이 주식을 팔아 대형주 주가가 하락하고 코스피, 코스닥 두 지수가 폭락하면 증시

전체 분위기가 가라앉는다. 그 영향으로 외국인 보유 주식이 한 주도 없는 종목조차 주가가 하락하게 된다. 투자자들의 투자 심리가 얼어붙어서다.

요약하자면, 외국인이 투자한 종목이건 아니건 간에 환율이 오르면 주가가 떨어진다. 주식에 투자한 사람이라면 항상 환율의 움직임을 예의주시 해야 하는 이유다.

돈을 쪼개면
덜 위험할까?

주식 투자로 대박을 노린다는 말, 한 번쯤 들어 봤을 것이다. "이 종목만 사면 인생 역전!" 같은 표현 말이다. 하지만 현실은 그렇게 호락호락하지 않고, 오히려 그런 욕심이 화를 부를 때가 많다. 세계 최고의 투자자로 꼽히는 워런 버핏조차도 대박보다는 '잃지 않는 투자'를 가장 중요하게 생각했을 정도다.

이 장에서는 버핏의 투자 원칙을 시작으로, 위험을 줄이는 똑똑한 투자법들을 배워 볼 것이다. 투자는 절대 한 방에 끝나는 게임이 아니다. 어떻게 하면 더 오래, 더 안전하게 투자할 수 있을지 함께 고민해 보자.

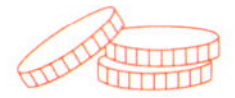

▲ 위험관리의 중요성

"현존하는 최고의 주식 투자자가 누구인가?"라고 묻는다면 모든 전문가가 한목소리로 답할 만한 인물이 한 명 있다. 미국 투자회사 버크셔해서웨이를 이끌어 온 워런 버핏이 그 주인공이다.

다만 '현존하는 최고의 주식 투자자'라는 문구에서 버핏이 '최고'라는 사실은 변함이 없는데 '현존하는'이라는 수식어는 수정이 될 가능성이 있다. 왜냐하면 1930년생인 버핏이 이 책을 쓰는 2025년 현재 무려 94세가 된 데다, 2025년을 끝으로 CEO 자리에서는 물러나겠다고 은퇴 계획을 밝혔기 때문이다.

버크셔해서웨이는 버핏이 이끌어 온 투자회사다. 원래는 섬유 기업이었으나 1965년 버핏이 최대 주주가 된 이래로 투자회사로 운영되어 2025년 현재 버핏 경영 60년의 역사를 자랑한다. 이 회사 주식

도 증시에 상장돼 있다. 투자를 전문으로 하는 회사여서 버크셔해서
웨이의 주가는 이 회사의 투자수익률에 따라 움직인다. 회사 투자 실
적이 좋으면 버크셔해서웨이 주가도 오른다는 이야기다.

내가 이런 이야기를 하면 "그러면 버크셔해서웨이 주식을 조금 사
볼까? 그 회사에 투자하면 사실상 투자의 전설인 버핏에 투자하는 것
아닌가?" 하는 사람들이 있다. 이론적으로는 맞다. 버크셔해서웨이는
버핏의 투자 철학을 바탕으로 투자하는 회사이므로 이 회사 주식을
사면 버핏 같은 현존 최고의 투자자에게 내가 직접 투자하는 효과를
얻을 수 있다. 함정 하나를 고려해야 하겠지만 말이다.

버크셔해서웨이는 미국 뉴욕거래소에 상장돼 있다. 그런데 요즘은
'서학 개미'라고 해서 미국 증시에 투자하는 한국 투자자도 많다. 우리
나라 상장 종목에 투자하는 것과 비교해 방법도 별로 다르지 않아 마
음만 먹으면 충분히 할 수 있어서 어디에 상장되어 있는지는 사실 결
정적인 문젯거리가 아니다.

문제는 버크셔해서웨이의 주가다. 이 회사 주식은 클래스A와 클
래스B 두 종류로 나뉜다. 이름만 봐도 클래스A가 더 좋아 보인다. 주
식을 보유하면 회사 주주총회에 참여해 투표할 권리를 갖는데, 클래
스A 한 주가 갖는 주주총회 투표권이 클래스B 투표권의 1만 배나 된
다. 클래스A가 1만 표라면 클래스B는 1표짜리밖에 안 된다는 이야
기다. 이름도 그렇고 영향력으로도 그렇고 클래스A가 클래스B에 비

해 말도 안 되게 좋은 주식이다.

이왕 투자할 결심을 굳혔다면 클래스A에 투자해야 하지 않겠나? 그런데 2025년 4월 25일 기준 클래스A의 주가는 79만 5,760달러다. 우리 돈으로 약 11억 원 정도다. 주식 한 주 사는 데 무려 11억 원이 필요하다니! 이러면 사실상 우리에게 이 주식은 언감생심이다.

그래서 굳이 버크셔해서웨이 주식을 사고 싶다면 우리는 클래스B를 살 수밖에 없다. 이 주식가격은 같은 날 기준으로 530.96달러다. 76만 원 정도면 한 주를 살 수 있다. 물론 이것도 엄청난 가격이긴 한데 클래스A에 비하면 1,500분의 1 수준이므로 감지덕지해야 할 판이다. 단, 클래스B에 투자한다면 비효율을 감수해야 한다. 클래스A와 비교하자면 가격은 1,500분의 1을 주고 샀는데 주주총회에서 투표권은 1만분의 1까지 떨어지기 때문이다. 여러모로 클래스B는 클래스A에 비해 한계가 있다. 아무리 내가 버핏에게 투자하고 싶어도 돈이 좀 있이아 그짓도 가능하다.

이런 대단한 버핏에게 기자들이 질문을 던졌다. 버핏이 꼭 지키는 투자 원칙이 무엇인지 물었다. 이때 버핏은 반드시 지키는 두 가지 투자 원칙이 있다고 답했다. 그 두 가지가 바로 이것이다.

투자 원칙 1 : 돈을 잃지 않는다.

투자 원칙 2 : 투자 원칙 1을 항상 지킨다.

▽ 잃지 않는 투자

거창한 비법을 기대한 독자분들은 실망하셨을 것이다. 나도 처음 들었을 때 너무 뻔한 이야기 같아서 김이 좀 샜다. 돈을 잃지 말라니! "명문대 가려면 국영수 위주로 공부하고 암기 과목을 철저히 준비하라." 수준의 이야기 아닌가?

그런데 곰곰이 생각해 보니 그게 아니었다. 많은 사람이 주식에 투자하거나 금융시장에 뛰어드는 이유는 돈을 벌기 위해서다. 그래서 '번다'에만 과도한 관심을 쏟는다. '번다'에 쏟는 관심만큼 '잃는다'에도 관심을 쏟지 않으면, 반드시 큰 문제가 생긴다. 예를 들어 보자. 1만 원을 투자해서 10퍼센트 수익을 올렸다. 이러면 기쁘다. 10퍼센트만큼 기쁠 것이다. 반대로 1만 원을 투자해서 10퍼센트 손실을 입었다. 이러면 슬플 것이다. 이때 슬픔이 단지 10퍼센트만큼일까? 그렇지 않다. 왜냐하면 10퍼센트 손실을 보면 보유 금액이 9,000원이 되는데, 이 상태에서 다시 10퍼센트 수익을 올린다 해도 원금이었던 1만 원으로 돌아가는 게 아니라 9,900원이 되기 때문이다. 9,000원의 10퍼센트는 900원이지 1,000원이 아니다.

이래서 같은 퍼센티지라 해도 수익의 기쁨에 비해 손실의 타격이 훨씬 크다. 1만 원을 투자했을 때 50퍼센트 손실을 입었다고 가정해 보자. 속칭 '반토막'이 나면 보유 금액은 5,000원이 된다. 이때 다시 원금 1만 원을 회복하려면 50퍼센트 수익이 아닌 100퍼센트 수익, 속칭

'더블'이 필요하다. 한마디로, 한 번 돈을 잃으면 원금을 만회하는 게 매우 어렵다. '번다'가 아니라 '잃지 않는다'에 관심을 가져야 하는 이유다.

워런 버핏은 1965년 버크셔해서웨이를 인수했는데 2024년까지 주식 한 장당 회사 가치가 마이너스인 해가 딱 두 번이었다. 60년 가운데 58년 동안 자산을 잃지 않았다니, 실로 투자의 전설로 남을 만하다. 버핏은 대박을 노리는 투자자가 아니다. 그는 꾸준한 투자자다. 흔히 사람들은 주식시장에 뛰어들면서 '1년만 지나면 내 주식이 왕창 올라서 외제 차 뽑고 집도 사게 될 거야!' 이런 망상을 하는 경우가 있다. 말 그대로 망상이다. 그런 단기적 대박만을 노리다가 한 번 망하면 재기가 불가능하다.

나는 주식 투자가 대박을 노리는 복권이 아니라 잃지 않고 버티는 장기전이라고 확신하는 사람이다. "대박도 노리면서 안전하게 투자하는 방법이 있지 않을까요?"라고 묻지 말이 달리. 네가 아는 한 그린 빙법은 없다. '안전한 대박'은 '동그란 네모'같이 존재할 수 없는 것이다. 그런 방법을 발견했다면 그 사람은 노벨경제학상이 아니라 노벨평화상을 받아야 한다. 온 인류에게 행복을 안겨 줄 테니.

경제학에 트레이드오프(trade off)라는 용어가 있다. 트레이드오프란 '하나를 얻으면 반드시 다른 하나를 잃는 관계'를 뜻한다. 예컨대 내 생각엔 '맛'과 '멋'은 트레이드오프 관계다. 맛있는 것도 잔뜩 먹고

멋진 옷도 폼 나게 입고 싶다. 이게 둘 다 되면 얼마나 좋겠냐마는 안타깝게도 그런 일은 벌어지지 않는다. 맛있는 걸 잔뜩 먹으면 살이 쪄서 옷맵시가 안 산다. 멋을 위해 다이어트를 하자면 맛난 음식은 포기해야 한다.

수익률과 안전성은 전형적인 트레이드오프 관계다. 수익률도 높이고 위험도 줄이고, 이게 둘 다 잘될 수가 없다는 이야기다. 대박을 노리면 그만큼 투자의 위험이 높아진다. 안전한 투자를 원한다면 당연히 예상 수익률이 낮아진다.

▲ 쪼개면 덜 위험해진다

투자란 은행 예금이 아니다. 당연히 위험이 따른다. 그렇다면 어떻게 해야 조금이라도 더 안전해질까? 정답은 '쪼개기'다. 한곳이 아니라 여러 곳에 나눠 투자하는 것이다. 이 쪼개기에도 두 가지 방법이 있다. 첫째, 시간을 쪼갠다. 둘째, 투자처를 쪼갠다.

먼저 시간을 쪼개는 투자부터 알아보자. 시간을 쪼개는 대표적 투자 기법에 달러 코스트 애버리지(Dollar Cost Average)라는 것이 있다. 적립식 투자법이라고 보면 된다. 쉽게 이야기해서 같은 돈을 한 번에 투자하지 말고 정기적으로 시간을 나눠 투자하는 것이다.

이 기법이 왜 훌륭할까? 지금부터 마법 같은 이야기를 하나 보여

드리려 한다. 지금 내 주머니에 15만 원의 투자 원금이 있다. 이걸 한 번에 투자하지 않고 달러 코스트 애버리지 기법을 이용해 다섯 달에 걸쳐 3만 원씩 다섯 번에 나눠 투자해 보려 한다. 다음 표를 봐 주기 바란다.

10,000원	15,000원	10,000원	5,000원	10,000원
3주	2주	3주	6주	3주

내가 투자하려는 종목의 주가는 현재 1만 원이다. 그러면 첫 번째 달에 나는 이 종목을 3주 살 수 있다. 3만 원씩 투자하기로 했기 때문이다. 그런데 둘째 달 이 주식의 주가가 1만 5,000원으로 올랐다. 이번에 나는 이 종목을 2주밖에 살 수 없다. 셋째 달, 이 주식의 주가가 다시 1만 원으로 내렸다. 이달에는 다시 3주를 살 수 있다. 넷째 달, 주가가 5,000원으로 폭락했다. 이러면 3만 원을 투자하기로 했으니 6주를 살 수 있다. 마지막 달, 주가가 다시 1만 원으로 회복했다. 다시 3주를 살 수 있다.

주가는 1만 원에서 5,000원씩 올랐다가 내렸다가 등락을 반복하더니 결국 원금인 1만 원으로 돌아온 셈이다. 얼핏 생각하면 수익률이 0퍼센트여야 한다. 그런데 원금 15만 원을 다섯 달로 쪼개서 나눠 투자했더니, 내가 보유한 주식 숫자가 17주(3+2+3+6+3주)가 됐다. 주가가 1만 원이니 내 계좌의 돈은 17만 원으로 불었다.

놀라운 매직 아닌가? 주가는 출렁이긴 했지만 제자리로 돌아왔다. 그런데 단지 쪼개서 투자했다는 이유로 원금은 15만 원에서 17만 원으로 불었다. 이게 바로 달러 코스트 애버리지의 마술이다. 어떻게 이런 일이 가능한가? 쪼개서 투자하면 살펴봤다시피 주가가 올랐을 때(1만 5,000원일 때)는 주식을 조금(2주)만 사게 되는 반면에, 주가가 폭락했을 때(5,000원일 때)는 많이(6주) 살 수 있다. 주식의 원칙은 쌀 때 사서 비쌀 때 파는 것이다. 즉 주가가 떨어졌을 때 투자 규모를 늘려야 수익을 내기 용이하다.

달러 코스트 애버리지는 자연스럽게 이 원칙을 지키도록 해 준다. 그래서 내 계좌를 비교적 안전하게 만든다. 한 번에 왕창 투자했다가 주가가 떨어지면 속수무책으로 당하지만 쪼개서 투자하면 주가가 떨어져도 괜찮다. 오히려 싼 가격에 더 많은 주식을 살 수 있으니까. 시간을 쪼개는 것이 매우 유용한 투자 전략이라는 사실, 꼭 기억해 두기 바란다.

▽ 투자처도 쪼개자

"계란을 한 바구니에 담지 말라." 누구나 한 번쯤은 들어 봤음 직한 유명한 투자 격언이다. 투자처를 한곳에 '몰빵' 하지 말고 나누라는 가

르침이다. 이래야 한 방에 망하는 위험을 줄일 수 있다.

그런데 이것도 잘 쪼개야 한다. 예를 들어 삼성전자 한 종목에 투자하는 것은 위험하다는 생각이 들어 원금을 삼성전자와 SK하이닉스 두 종목으로 쪼갰다고 생각해 보자. "잘 쪼갠 건가요?" 나한테 물어본다면 망설임 없이 "전혀 잘 쪼개지 않았습니다."라고 답할 것이다.

왜냐? 두 종목이 하는 일이 비슷하기 때문이다. 두 회사 모두 반도체가 주력이다. 그리고 반도체는 경기를 탄다. 좋을 때는 두 종목 모두 엄청난 실적을 내겠지만 나쁠 때는 두 종목 모두 고난의 터널을 지나야 한다. 이렇게 쪼개면 위험이 줄어들지 않는다. 우리가 투자처를 쪼개는 이유는 고난의 터널을 견디기 위해서인데 둘 다 고난의 터널에 갇힐 회사라면 저렇게 쪼갤 이유가 없는 거다.

투자처를 쪼갤 때는 상반된 성격을 가진 주식에 나눠 투자하는 게 좋다. '경기 민감주'라고 불리는 주식이 있다. 다른 주식에 비해 경기에 민감하게 반응하는 주식이라는 뜻이다. 자동차, 반도체, 철강 등을 다루는 회사 주식들은 경기 민감주에 속한다. 이런 회사들은 경제가 좋아지면 실적도 따라서 좋아진다. 경제가 좋으면 새 차도 한 대 뽑고, 전자 제품도 새것으로 바꾸는 소비자들이 많아지기 때문이다. 반면에 경제가 나빠지면 이 회사들의 실적은 곤두박질친다. 지금 당장 안 산다고 죽는 게 아니니 소비자들이 지갑을 닫아 버리는 거다. 그러니 이런 종목들을 포트폴리오에 함께 넣으면 잘 쪼갰다고 할 수가 없다.

　반대되는 개념으로 '경기 방어주'가 있다. 경제 상황이 바뀌어도 실적에 거의 영향을 받지 않는 회사의 주식이다. 대표적인 예가 담배 회사다. 경제가 좋다고 하루 한 갑 피던 담배를 두 갑 피지는 않는다. 경기가 안 좋다고고 해서 담배 소비가 줄지도 않는다. 담배의 중독성 때문이다. 그래서 담배 회사들은 늘 일정한 실적을 유지해 대표적인 경기 방어주로 꼽힌다. 전력, 가스, 철도 등의 종목도 그렇다.

　투자 위험을 줄이기 위해서는 경기 민감주와 경기 방어주에 골고루 투자하는 것이 좋다. 이렇게 쪼개면 경제가 좋을 때는 민감주에서 수익을 올리고, 그렇지 못할 때는 방어주를 통해 손실을 줄일 수 있다. 마찬가지 아이디어로 수출에 강점이 있는 회사와 내수, 즉 국내에서 물건을 주로 파는 회사에 동시에 투자하는 것도 훌륭한 분산투자다. 이런 식으로 전혀 다른 성격의 회사에 나눠서 투자해 예상치 못한 상황을 대비하는 것이 쪼개기의 핵심이다.

회사 위의 회사,
지주회사?

물건을 살 땐 "얼마예요?"라고 묻지만, 회사를 볼 땐 "주인이 누구예요?"
라고 묻는 게 더 중요할 수 있다. 겉으로는 아무 일도 안 하는 것처럼 보이
지만 여러 회사를 지배하는 '회사 위의 회사'가 있다면, 그게 진짜 주인 아
닐까?

그런데 가끔 이상한 일이 벌어진다. A회사가 B회사의 주인이라 하고, B회사는 C회사의 주인이라더니, 알고 보니 C회사가 A의 주인이라며 서로를 가리킨다. 이게 무슨 마법의 도돌이표일까? 이런 말도 안 되는 구조를 막기 위해 등장한 게 바로 '지주회사'다.

이번 장에서는 복잡한 재벌 구조 속 진짜 주인을 구별하는 방법, 그리고 그 중심에 있는 지주회사의 정체를 파헤쳐 본다.

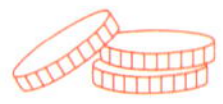

▲ 주인이 누구셔요?

주식회사의 주인은 누구일까? 당연히 주주다. 그중 가장 많은 지분을 보유한 최대 주주가 지배적 위치를 갖는다. 그래서 "당신 회사 주인은 누구입니까?"라는 질문은 대체로 "당신 회사의 최대 주주가 누구입니까?"라고 묻는 것과 일맥상통한다.

그렇다면 이런 경우는 어떨까? A라는 기업이 있다. 그 기업에 "너희 주인은 누구니?"라고 묻는다. A가 답한다. "우리 주인은 B예요." B가 A의 최대 주주라는 이야기일 것이다. 그러면 B의 주인이 누구인지 궁금해진다. 그래서 B에게 묻는다. "너희 주인은 누구니?" B가 답한다. "우리 주인은 A예요."

응? 뭔가 이상하다. A는 B가 주인이라고 주장하고, B는 A가 주인이라고 주장하는 꼴이기 때문이다. 우리는 A와 B의 실질적인 주인이 누구인지 알고 싶다. "그래서 결론적으로 누가 주인인 거야?"라고 물으면 A와 B는 합창하듯 큰 목소리로 말한다. "우리 재벌 회장님이요!"라고 말이다.

이제 완전히 이상해졌다. 왜냐하면 재벌 회장님은 A와 B 두 회사 주식 중 한 주도 갖고 있지 않기 때문이다. 그런데 왜 재벌 회장님이 주인인지 상식적으로 설명이 되지 않는다. 그래서 다시 한번 묻는다. "재벌 회장님은 주식이 한 주도 없는데 왜 주인이지?" A와 B는 다시 합창하듯 큰 목소리로 말한다. "우리 마음이에요! 신경 *끄세요!*"

이 황당한 지배 구조를 전문용어로 '상호출자'라고 일컫는다. 정작 재벌 회장님은 회사를 설립하는 데 땡전 한 푼 낸 적이 없다. A의 자본금은 B가 댔고 B의 자본금은 A가 댔는데, A와 B는 어떤 이유에서인지 재벌 회장님을 주인으로 모신다. 딱 봐도 부당하지 않은가? 이게 너무나 부당한 방식이기에 현재 상호출자는 법으로 금지돼 있다. 이렇게 하는 것은 위법이다.

이번에는 이 둘을 셋으로 늘려 보자. A, B, C 세 회사가 있다. A에게 "너희 주인은 누구니?"라고 물으니 "우리 주인은 B예요."라는 답이 나왔다. 그래서 B에게 "그러면 너희 주인은 누구니?" 했더니 "우리 주인은 C예요."라고 답한다. 누가 진짜 주인인지 알기 위해 C에게 물었다. "그러면 너희 주인은?" 마침내 C가 입을 열었다. "A가 우리 주인이에요."

장난하는 것도 아니고, 이게 무슨 짓인가? 그래서 A, B, C 셋을 모아 놓고 "그러지 말고 정확히 이야기해 봐. 도대체 누가 너희 주인이라는 거야?"라고 다그쳤다. A, B, C는 다시 입을 맞춰 큰 목소리로 외친다. "우리 주인은 재벌 회장님이에요!"라고.

이런 지배 구조를 '순환출자'라고 한다. A가 B를 지배하고, B가 C를 지배하는데, 그 C를 A가 다시 지배하는 동그라미 구조를 말한다. 이 구조에서도 재벌 회장님은 땡전 한 푼 낸 적이 없다. 그런데도 이 셋은 재벌 회장님이 자기들 주인이라고 박박 우긴다. 이 역시 너무도 부당하기에 순환출자 역시 법으로 금지돼 있다.

지금 우리나라에서 대표적으로 아직도 이런 순환출자 구조에 갇혀 있는 그룹이 현대차 그룹이다. 2025년 4월 기준으로 현대자동차의 최대 주주는 지분 21.86퍼센트를 보유한 현대모비스다. 현대모비스의 최대 주주는 누구인가? 17.66퍼센트를 보유한 기아자동차다. 그러면 기아자동차의 주인은? 34.53퍼센트를 보유한 현대자동차다. 이 그룹 사람들에게 "진짜 주인은 누구셔요?"라고 물어보면 "정몽구 회장님이요!" 이래 버린다. "어째서 그렇죠?" 되물으면 "우리 마음이에요!"라고 답할 것이다. 정몽구 회장 일가가 말도 안 되는 이상한 지배 구조로 글로벌 톱3 자동차 브랜드를 지배하고 있다는 이야기다.

　　상호출자도 순환출자도 워낙 말이 안 되는 구조이기 때문에 법이 허용하지 않는 것이다. 그러면 어떻게 지배해야 할까? '지주회사'라는 것을 만들어 지배 구조를 누구나 알아보기 쉽게 고쳐야 한다. 다음 그림처럼 회사 구조를 만들라는 얘기다.

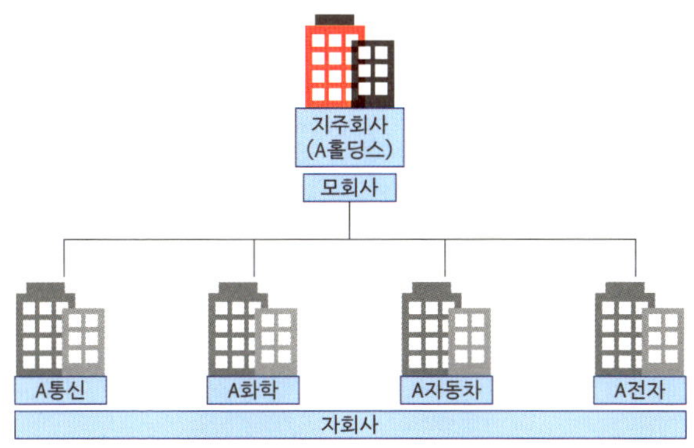

　　그림에서처럼 이 그룹의 맨 꼭대기에는 지주회사가 있다. 보통 이런 회사들은 사업적으로 하는 일 없이 자회사들 주식만 보유하는 경우가 많다. 지주회사 이름에 '홀딩스'가 많이 들어가는데, 이는 이곳의 역할이 자회사의 주식을 '보유(holding)'하는 데 그치기 때문이다. 이렇게 구조를 만들고 재벌 회장이 그 지주회사의 최대 주주가 되면 구조가 심플해진다. 회장님은 지주회사의 주인이고, 지주회사는 A전자,

A자동차, A화학, A통신의 주인이다. 따라서 회장님이 A전자, A자동차, A화학, A통신을 실질적으로 지배하고 있다는 점을 누구나 이해할 수 있다.

우리나라 재벌 중 가장 먼저 지주회사 체제를 받아들인 LG그룹의 예를 들어 보자. 이 그룹의 지주회사는 ㈜LG라는 기업이다. 무슨 일을 하는 곳이냐? 아무 일도 안 한다. ㈜LG 홈페이지에 "전사적 차원의 사업 포트폴리오 강화, 인재 육성, 브랜드 관리 등의 일을 하고 있습니다."라고 적혀 있긴 하다. 그런데 이건 말이 그렇다는 거고, 특별히 하는 사업은 없다. 임직원 숫자도 200명을 넘지 않는다. 명색이 대한민국 4대 그룹을 이끄는 최정점의 회사인데 임직원 숫자가 이것뿐인 건 실제 어떤 사업을 하는 곳이 아니어서다.

그렇지만 ㈜LG는 단연코 LG그룹의 정점이다. 계열사들의 최대 주주이기 때문이다. LG그룹은 크게 전자, 화학, 통신 등 3개 사업으로 이뤄졌는데, 전자(LG전자·LG디스플레이·LG이노텍)와 화학(LG화학·LG생활건강·LG에너지솔루션), 통신(LG유플러스·LG헬로비전·LG CNS) 등 거의 모든 계열사 최대 주주가 ㈜LG다.

▲ 지주회사 투자의 장점

지주회사에 투자하는 것은 꽤 매력적이다. 이유는 크게 두 가지인데 첫째, 앞 장에서 설명한 분산투자가 가능해서다. 별다른 자기 사업을 하지 않는 지주회사의 실적은 어떻게 결정될까? 자회사들의 실적에 연동된다. 구체적으로 어떻게 연동되는지는 복잡한 회계상의 문제라 이 책에서는 생략한다. 여기서는 '자회사들 실적이 좋아지면 지주회사의 실적도 좋아진다.'라는 걸 이해하면 충분하다.

쉽게 말해, ㈜LG라는 지주회사에 투자하면 LG전자, LG디스플레이, LG이노텍, LG화학, LG생활건강, LG에너지솔루션, LG유플러스, LG헬로비전, LG CNS 등 매우 다양한 LG그룹 자회사 전체에 투자하는 효과를 얻을 수 있다는 이야기다. 저 많은 회사들의 실적이 모두 지주회사에 반영이 되기 때문이다. 그리고 ㈜LG 계열사에는 경기 민감주와 경기 방어주가 골고루 포진돼 있다. 전자나 화학은 경기를 타는 경기 민감주지만 생활건강이나 통신은 경기 방어주에 가깝다. 그래서 특정 계열사 하나에 투자하는 것보다 훨씬 안전하다.

두 번째 상점은 꽤나 원론석인 이야기인데, 지주회사에 투자하면 나는 그 그룹 총수와 공동 목표를 가진 투자자가 된다는 것이다. 지주회사의 주인이 바로 그룹 총수니까 말이다. LG그룹을 예로 들었으니 계속 이어 가 보자면, 2025년 4월 현재 LG그룹의 총수는 구광모 회장이다. 거의 모든 계열사에 구광모 회장이 지대한 영향력을 미친다. 구회장은 ㈜LG의 지분을 약 16퍼센트 보유하고 있는 지주회사 ㈜LG의 최대 주주이기 때문이다. 구 회장은 그룹을 잘 이끌어 모든 계열사에서 좋은 실적을 내려 노력할 것이다. 그렇게 하면 지주회사인 ㈜LG의 실적도 따라 좋아질 테고, 그 결과 ㈜LG의 주가가 오를 것이다. 마침내 웃는 사람은? 당연히 ㈜LG의 지분을 16퍼센트나 들고 있는 구 회장일 테다.

바로 이런 이유에서 지주회사에 투자하면 그 그룹 총수와 나는 운명 공동체가 된다. 그룹이 잘돼 주가가 오르면 구 회장도 좋고 나도 좋고, 그룹이 돈을 많이 벌어 지주회사가 배당을 많이 하면 구 회장도 좋고 나도 좋다.

▽ 지주회사 디스카운트

그런데 여기서 주의할 점이 있다. 우리나라 지주회사들은 대부분 실적에 비해 주가가 매우 낮게 형성돼 있다. '지주회사 디스카운트'라는 말이 생길 정도다. 분산투자의 효과도 있고, 기업 오너와 운명 공동체가 된다는 장점도 있는데 어째서 프리미엄을 얻지는 못할망정 디스카운트나 당하고 있는지 궁금하다.

다양한 이유가 있지만 가장 중요한 이유는 역설적이게도 지주회사 투자자가 오너와 운명 공동체가 되는 것 때문이다. 바로 앞에서 지주회사에 투자할 때 '그룹이 잘돼 주가가 오르면 구 회장도 좋고 나도 좋다.'라고 표현했다. 이 말은 원론적으로는 옳다. 하지만 한국이라는 특수한 상황에서는 틀릴 때도 많다. 주가가 오르면 나는 분명히 좋은데, 그룹 오너가 그것을 싫어하는 경우가 생겨서다.

"아니, 대체 왜요? 주가가 오르면 그 회사 주식을 가장 많이 보유한 최대 주주가 좋아해야지, 왜 안 좋아하죠?"라는 질문이 당연히 나올 법하다. 그런데 그룹 오너가 이걸 꺼리는 확실한 이유가 있다. 우리나라 재벌들이 대를 이어 기업을 물려받기 때문이다. 즉 상속 혹은 증여가 문제다.

미국의 대기업들은 대부분 전문 경영인이 회사를 이끈다. 회사 창립자가 자녀에게 회사를 물려주지 않는 경우가 훨씬 많다. 그렇다 보니 경영인들은 실적을 최대한 끌어올려 주가를 높이는 것에 목숨을 건다. 주주들에게 인정받아야 오래 회사를 경영할 수 있기 때문이다.

자녀에게 그룹을 물려주고 싶은 재벌 입장은 다르다. 실적이 엄청 좋아져서 지주회사 주가가 고공 행진을 벌였다고 해 보자. 비싸진 지주회사 주식을 자녀에게 증여, 혹은 상속하려면 높아진 주가만큼 증여세나 상속세를 엄청 내야 한다. 이런 까닭에 상속·증여의 시기가 오면 적지 않은 우리나라 재벌 총수들이 지주회사 주가가 떨어지기를 바란다. 그렇다고 사업을 일부러 망칠 순 없어서, 주가를 억제하는 다양한 방법을 모색한다. 배당도 많이 안 준다. 배당을 많이 주면 투자자들이 몰려 주가가 올라갈 테고 증여세나 상속세를 더 많이 물어야 하기 때문이다.

　조금 전에 지주회사 투자의 장점으로 오너와 운명 공동체가 되는 것을 꼽았는데, 이건 외국 회사들 사이에서는 100퍼센트 통하는 이야 기지만 증여와 상속이 걸린 우리나라 재벌들에게는 잘 통하지 않는 다. 한국의 주요 지주회사들이 실적에 비해 매우 싸구려 취급을 받는 지주회사 디스카운트가 생기는 이유다. 지주회사 투자에는 이런 분명 한 장단점이 있으니 여러 가지를 고려해 신중하게 투자를 결정해야 한다.

주식 투자에도
세금이 붙는다고?

"돈 벌었으면 세금을 내야지!" 이 말, 맞는 것 같기도 하고 왠지 억울한 것 같기도 하다. 편의점 아르바이트를 해도 소득세를 떼 가는데, 주식으로 수백만 원, 심지어 수천만 원을 벌어도 세금을 안 내는 경우가 있다면 이상하지 않을까?

그래서 정부는 '금융투자소득세', 줄여서 금투세라는 걸 만들기로 했다. 주식이나 펀드로 번 돈에도 세금을 매기자는 것이다. 하지만 이내 엄청난 반대에 부딪혀 금투세는 도입도 못 해 보고 폐지되었다. 도대체 왜 이렇게까지 논란이 됐을까?

주식시장의 구조와 투자 문화, 그리고 세금의 정의까지 얽힌 복잡한 이야기. 지금부터 함께 살펴보자.

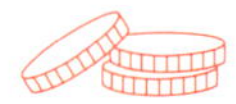

▲ 세금이 낳은 사건들

"In this world, nothing can be said to be certain except death and taxes."

"이 세상에서 죽음과 세금만큼 확실한 것은 없다." 이는 미국 건국의 아버지 중 한 명으로 손꼽히는 정치인 벤저민 프랭클린이 남긴 명언이다. 프랭클린은 비록 대통령은 아니었지만, 그 어떤 대통령보다도 미국 역사에 큰 족적을 남긴 인물이다. 미국 초대 대통령인 조지 워싱턴이나 노예해방으로 유명한 에이브러햄 링컨을 제치고 벤저민 프랭클린의 얼굴이 최고가 화폐인 100달러 지폐에 새겨진 것만 봐도 그의 영향력은 넉넉히 짐작할 수 있다(참고로 조지 워싱턴은 1달러 지폐에, 에이브러햄 링컨은 5달러 지폐에 등장한다).

죽음이 확실하다는 것은 누구나 동의할 수 있다. 죽지 않은 사람은 없으니 말이다. 하지만 세금이 과연 죽음만큼 확실한가? 프랭클린은 "그렇다."라고 단언했다. 프랭클린이 세금을 감히 죽음의 반열에 올려놓은 이유는 분명해 보인다. 적어도 국가라는 시스템이 갖춰진 이상 세금을 피할 방법은 없다는 것이다.

세금을 피할 수 없다면 세금 걷는 기준을 정해야 한다. 통치자가 제멋대로 세금을 걷는다면 조세 저항을 피할 수 없다. 그리고 이 문제는 생각보다 매우 복잡하며, 자칫하면 전쟁으로 번지기도 한다. 실제 우리가 아는 많은 역사적 분쟁들의 원인이 세금이었다.

예를 들면 이렇다. 중세 유럽은 기독교를 바탕으로 공고한 체제를 유지했지만 북아프리카와 서아시아 지역으로 진출하는 데는 실패했다. 십자군전쟁 같은 큰 전쟁을 일으키고도 이슬람 제국 영토로 나아가지 못한 것이다. 이건 얼핏 보면 종교 분쟁이다. 그런데 잘 들여다보면 여기에도 세금 문제가 끼어 있다.

중세는 종교가 국교로 숭배되던 시기였다. 그래서 헌금은 자발적으로 내도 그만 안 내도 그만인 돈이 아니라 반드시 내야 하는 세금과도 같았다. 그런데 기독교의 헌금이 십일조, 곧 수입의 10분의 1을 바쳐야 했던 반면 이슬람교의 헌금은 소득의 2.5퍼센트만 내면 됐다. '신(神)'을 앞세운 십자군전쟁이었지만, 종교에 대한 과세 문제를 극복

할 순 없던 것이다.

미국의 독립 과정에도 세금이 문제였다. 독립 전 미국은 영국의 식민지였다. 그런데 일제가 조선을 강점한 그런 형태가 아니었다. 실제로 영국인들이 미국으로 건너와 자리를 잡았고 미국에 정착한 영국인들은 자기가 영국 사람이라고 생각했다. 조선의 독립을 위해 목숨을 바쳐야 했던 우리 선조들과 달리, 그 당시 아메리카 대륙에 거주했던 백인들에게는 그럴 동기가 없었다.

그런데 왜 미국이 영국으로부터 독립하기 위해 전쟁을 불사했을까? 그것도 당시 세계 최강대국 영국을 상대로 말이다. 그건 재정적자에 시달린 영국이 식민지들로부터 세금을 왕창 더 걷어 자금난을 쉽게 해결하려 했기 때문이다. 미국 거주 백인들은 갑자기 과중해진 세금이 부당하다고 생각해 독립의 기치를 올렸다. 세금을 걷는 기준을 명확히 하지 않으면 이렇듯 전쟁이 벌어지기도 한다. 과세 기준이 명확해야 하는 이유다.

▽ 소득 있는 곳에 세금 있다는데

그렇다면 어떤 기준을 정해야 사람들의 반발을 최소화할 수 있을까? 지금까지 인류의 집단 지성이 만들어 낸 가장 확실한 기준은 '소득이 있는 곳에 세금이 있다.'이다. 즉 돈을 벌었으면 그 번 돈에 비례

해서 세금을 매겨야 한다. 이건 거의 모든 나라에서 합의된 표준이다. 이 말은 한편 '소득이 없는데 세금을 매기는 것은 잘못이다.'라는 뜻도 내포한다.

이 책 마지막 장인 이번 글의 주제는 금융투자소득세(금투세)다. 그리고 금투세는 소득과 세금 사이에 매우 치열한 논쟁을 낳은, 소득세법에서의 뜨거운 감자였다. 또한 이 논쟁에는 '세금이란 무엇인가?'라는 근원적 질문뿐 아니라 한국 증시가 왜 이런 기형적인 모습을 띠고 있느냐에 대한 반성도 숨어 있다.

금투세는 쉽게 말해 금융 투자로 번 돈에 매기는 세금이다. "주식 투자로 돈을 벌었다면 그에 상응하는 세금을 내라, 혹은 펀드 투자로 돈을 벌었다면 역시 세금을 내라." 대충 이런 취지로 이해하면 된다. 몇몇 독자분은 궁금해하실 수도 있다. "이게 논쟁이라면 지금까지는 주식 투자로 돈을 벌고도 세금을 안 냈다는 이야기인가요?"

그렇다. 지금까지 우리 같은 개인투자자들은 주식 투자로 돈을 벌고도 세금을 내지 않았다. '소득이 있는 곳에 세금이 있다.'라는 원칙이 거의 유일하게 지켜지지 않은 분야가 금융 투자였던 것이다. "그렇다면 앞으로는 내야 하나요?"라고 물을 수 있는데, 결론부터 이야기하자면 2024년 12월 금투세는 논쟁 끝에 폐기됐다. 즉 앞으로도 개인투자자들은 주식이나 펀드 투자로 돈을 벌어도 당분간 세금을 내지 않는다.

그렇다면 왜 폐기된 금투세를 이야기하는 걸까? 단언컨대 이 문제가 언젠가는 다시 반드시 수면 위로 떠오를 거라 여겨서다. '소득이 있는 곳에 세금이 있다.'라는 과세 원칙은 오랜 세월 누구나 동의해 온 대전제이며, 오늘날 대부분 선진국은 주식 등 금융 투자 소득에 세금을 매긴다. 이런 상황에서 우리만 글로벌 스탠더드에서 벗어날 순 없는 노릇이다.

참고로 앞에서 우리 같은 개인투자자들도 미국 증시에 투자할 수 있다고 언급했는데, 만약 여기서 일정 수준 이상의 돈을 벌면 세금을 내야 한다. 우리는 금투세가 없는 나라지만 미국은 주식 투자 소득에 과세하는 나라여서 그렇다. 미국의 경우, 증시 투자로 돈을 벌면 수익의 22퍼센트가량의 세금을 내야 한다. 절대 적은 돈이 아니다.

과세 원칙에 맞기도 하거니와 글로벌 스탠더드이기도 한 금투세는 왜 우리나라에서 좌초됐을까? 주식 투자자들의 반대가 엄청났기 때문이다. 세상에 세금 내라는 데 좋아하는 사람은 없다. 투자자들의 반대는 당연한 거다. 그럼에도 그 세금의 명분이 충분하다면, 국가는 마땅히 해당 세금을 걷어야 한다. 누구는 힘들게 일해서 돈 벌었더니 번 만큼 소득세를 떼 가는데, 누구는 주식 투자로 거액을 벌어도 세금을 안 걷는다? 이러면 조세의 공정성이 생길 수가 없다. 그런데도 금투세는 숱한 논란 끝에 좌초됐다. 이유는 크게 두 가지다. 지금부터 함께 알아보자.

▲ 증시의 안정성이 너무 떨어진다

첫 번째 이유는 세금의 원리에 관한 것이다. '소득이 있는 곳에 세금이 있다.'라는 대원칙은 말 그대로 소득이 생겨야 세금을 걷을 수 있다는 규범이다. 양도소득세를 떠올려 보자. 내가 어떤 것을 팔아서(양도) 소득이 생기면 그 소득에 대한 세금을 물어야 한다. 대표적인 것이 부동산 양도소득세다. 2억 원짜리 집을 사서 그걸 3억 원에 팔았다면 1억 원의 양도소득이 생긴다. 그 1억 원 중 일정 부분을 세금으로 내는 것이다. 이 세금이 많다고 생각하는 사람도 있을 수 있고 적다고 생각하는 사람도 있을 수 있는데, 이 세금 자체가 부당하다고 생각하는 사람은 거의 없다. 그렇다면 2억 원짜리 집을 샀다가 주택 가격이 내려서 눈물을 머금고 1억 원에 팔았다고 해 보자. 양도소득이 아니라 양도 손실이 났다. 이때도 세금을 낼까? 당연히 안 낸다. 소득이 없었기 때문이다.

금투세도 마찬가지다. 원래 금투세는 주식 등 금융 투자로 1년에 5,000만 원 이상 소득을 올렸다면 20퍼센트, 3억 원 이상의 소득을 올렸다면 25퍼센트의 세금을 물리는 구조로 설계됐다. 만약 소득은커녕 손실을 입었다면 어떨까? 금투세를 물릴까? 당연히 안 물린다.

부동산 양도소득세와 뼈대가 비슷한데도 금투세는 사회적 합의에 이르지 못했다. 이유는 우리나라 주식시장의 변동성이 너무 크기 때문이다. 미래에는 어떨지 모르겠지만 지금까지 부동산은 역사적으로 가격이 상당히 안정적이었다. 좁은 땅덩어리에 인구가 늘어나면서 집에 대한 수요는 늘 있었다. 수요가 있으니 가격이 잘 내려가지 않는다. 만에 하나 값이 떨어져도 집이라는 특성상 거기 살면서 버틸 수가 있다. 지금 팔아서 손해 보고 싶지 않으면 그 집에 계속 눌러살면 된다.

주식은 다르다. 모멘텀투자건 가치투자건 사고파는 횟수가 부동산과 비교할 수 없을 정도로 잦다. 그 와중에 이익을 얻을 수도 있지만 손해 보는 경우도 부지기수다. 그리고 부동산이야 가격이 떨어지면 살면서 버틸 수 있지만 주식 투자는 손절매 해야 하는 경우가 많다.

주식 투자자가 손실을 입는 횟수가 부동산 투자자에 비해 훨씬 많다면, 다음과 같은 문제가 발생한다. 금투세는 투자 소득에 세금을 물린다. 그래서 돈을 벌었을 때 세금을 왕창 냈다. 그러다가 이듬해에 돈을 왕창 잃었다. 그러면 국가가 손실을 보전해 줄까? 그렇지 않다. 이게 바로 주식시장 참여자들이 금투세에 결사적으로 반대했던 결정적 이유였다. 벌 수도 있고 잃을 수도 있는데, 게다가 잃은 때가 벌었을 때보다 현실적으로 더 많은데, 벌었을 때는 세금 떼 가면서 잃었을 때는 아무 보상을 안 해 주면 이걸 어떻게 감당하느냐는 호소다.

▽ 세력이 결정하는 시장구조

두 번째 이유를 살펴보자. 이것 역시 한국 증시의 기괴한 특징과 관련이 있다. 앞에서 언급한 금투세 반대론자들의 의견을 듣고 금투세 찬성론자들은 "일단 과세 대상은 주식 투자로 엄청 돈을 많이 버는 사람들이에요. 여러분들처럼 소액으로 투자하시는 분들은 과세 대상이 될 가능성이 별로 없어요."라고 설득했다.

일견 그럴듯한 말이다. 과세 대상이 되려면 금융 투자로 1년에 5,000만 원 이상을 벌어야 한다. 이건 어마어마한 돈이다. 연 5,000만 원 이상 금융 투자 소득을 올리려면 최소한 5억 원 정도의 자금을 투입해 연 10퍼센트 수익률을 올려야 한다. 연 10퍼센트 수익을 거두는 일이 얼마나 어려운지 투자해 본 사람은 알 것이다. 우리 같은 개미 투자자들이 금투세 과세 대상이 될 일이 별로 없다는 이야기다. 그리고 만약 과세 대상이 된다면 이건 "세금을 걷어 가다니, 화가 난다!"라고 투덜댈 일이 아니라 "내가 금융 투자로만 연 5,000만 원 이상을 벌다니. 영광입니다!" 하며 행복할 일이다.

그런데 마상 금투세를 추진해 보니 금융 투자로 연 5,000만 원 이상을 버는 거액 투자자들뿐 아니라 투자 규모 자체가 5,000만 원도 안 되는 소액 투자자들 반대도 엄청났다. 왜 그랬을까? 우리나라에는 2,000개 넘는 종목이 상장돼 있다. 그리고 기관투자자라 불리는 대형 투자자들과 외국인투자자들이 큰돈을 움직인다. 움직이는 돈이 워낙 크기에 이들이 집중적으로 투자하는 종목이 좋은 성과를 낼 때가 많다. 그렇다면 이 대형 투자자들이 증시에 상장된 2,000여 개 종목에

다 손을 댈까? 그렇지 않다. 이들은 안정성이 확보된 대형주에 주로 투자한다. 우리 증시에 상장된 종목 중 기관과 외국인이 거들떠보지도 않는 종목이 절반이 훨씬 넘는다.

그럼 이런 작은 종목들의 주가를 누가 움직이는 걸까? 개인투자자 가운데 돈이 많은 이른바 '큰손'들이 움직인다. 증시에서는 이런 큰손들을 슈퍼개미니, 주포니, 세력이니 하는 다양한 이름으로 불린다. 2,000여 상장 종목 중 절반이 넘는 종목의 운명이 이들 슈퍼개미의 손에 달린 것이다.

이런 상황에서 금투세가 실시된다고 해 보자. 슈퍼개미들은 지금까지 증시에서 돈을 벌어도 세금을 내지 않았다. 만약 이들에게 세금이 부과된다면? 금투세 추진 당시 계획에 따르면, 5,000만 원 소득까지는 22퍼센트의 세율이 적용되지만 연 소득 3억 원이 넘으면 세율이 25퍼센트까지 올라간다. 투자로 번 돈 가운데 4분의 1을 국가가 세금으로 가져가는 것이다.

이러면 아마도 슈퍼개미들이 증시에서 발을 빼기 시작할 테고, 이들이 돈을 본격적으로 빼면 수많은 소형주의 주가도 함께 빠질 것이다. 소액 투자자들이 금투세 도입에 결사적으로 반대한 또 다른 이유가 이것이다. 당장 내가 세금을 내는 게 걱정돼서라기보다는 슈퍼개미들이 세금 때문에 주식시장에서 발을 뺄까 봐 두려웠던 셈이다. 이 또한 실적 중심으로 장기 투자를 하는 투자 문화보다 슈퍼개미들을 추종하는 단기 투자 전략이 횡행하는 한국 증시의 왜곡된 현실이 반영된 현상이라 안타까울 따름이다.

금융투자소득세 부과가 옳은지 그른지 따지는 건 이 책의 주제가 아니다. 어찌 되었든 2024년 12월부로 국회에서 금투세는 폐지되었고, 아마 당분간은 이 문제가 수면 위로 떠오르기 쉽지 않을 것이다. 반대가 얼마나 격렬했는지 정치권도 뼈아프게 경험했기 때문이다.

다만 언젠가 이 문제는 반드시 우리 증시가 마주하게 될 거라고 확신한다. 증시의 안정성이 좀 더 높아지고 건전한 투자 문화가 확산되면 금투세를 수용하자는 여론도 높아질 가능성이 크다. 금투세 찬반 논쟁을 덮어 두려 하지 말고, 우리가 되돌아봐야 하는 이유다. 우리 증시와 우리의 투자 문화는 아직 성장 중이고, 갈 길이 남아 있으니 말이다.

확신의 금융 용어 정리

1. 난이도 초급 / 뿌리 깊은 기본 용어

간접투자

전문가에게 돈을 맡겨 대신 자산에 투자하도록 하는 일을 가리킨다. 대표적인 간접투자 상품으로 '펀드'가 있다. 펀드에 가입하고 수수료를 내면 펀드매니저라 불리는 전문가가 나를 대신해 돈을 투자해 준다. 반대 개념인 '직접투자'는 투자자 자신이 직접 자산을 사고파는 것을 말한다.
→ 80쪽 참고

국내총생산(GDP)

한 나라의 국경 안에서 일정 기간 생산된 재화와 용역의 시장 가치 총합을 말한다. 어느 한 국가의 순전한 국내 경제활동의 지표로서 대외적으로 경제성장을 비교할 때 쓴다.

☞ 한 걸음 더 **국민총생산(GNP)** 일정 기간 동안 한 나라의 국민이 생산한 재화와 용역의 부가가치를 시장가격으로 평가한 총액을 말한다. 보통 1년간을 단위로 하며, 그 나라의 경제 규모를 재는 척도가 된다.
→ 21쪽 참고

금리

빌려준 돈이나 예금 등에 붙는 이자 또는 그 비율이다.

☞ 한 걸음 더 **기준금리** 자금을 조달하거나 운용할 때 적용하는 금리의 기준이 되는 금리. 한 나라의 중앙은행에서 금융 정세의 변화에 따라 일정 기간마다 결정하며, 금융시장에서 각종 금리를 지배한다.

☞ 한 걸음 더 **시중금리** 일반 시중 은행이 세우는 표준적인 대출 금리와 할인율을 가리킨다.
→ 41쪽, 43쪽, 65쪽 참고

담보

민법에서, 빚을 갚아야 할 사람이 정당한 이유 없이 내용대로 빚을 갚지 않을 때 그 빚의 변상을 확보하는 수단으로 빌려준 사람에게 내어주는 것을 말한다.

→ 34쪽 참고

배당

주식회사가 이익으로 남은 돈의 일부를 회사에 투자한 사람이나 주식을 가진 사람에게 현금이나 주식으로 나누어 주는 일을 가리킨다.

→ 113쪽, 177쪽 참고

보증

법률적으로 '보증'은 빚을 갚아야 할 사람이 그 의무를 행하지 않을 경우에, 다른 사람에게 그 사람을 대신하여 빚을 갚을 것을 부담하는 일을 뜻한다. 우리나라에선 저신용자들이 금융권에서 돈을 빌릴 수 있는 수단이긴 하지만 채무자 본인은 물론 주변인까지 빚더미에 신음하는 부작용을 만든 '연대보증'을 사회적 문제로 여겨 지난 2012년부터 개인 대출에서 연대보증을 단계적으로 폐지했다.

→ 34쪽 참고

분산투자

투자에서 오는 위험을 줄이기 위하여 여러 군데로 나누어서 하는 투자를 말한다. 반대 개념으로는 '집중투자'가 있다. 주식 투자에서 특정 종목을 집중적으로 매입하여 투자하는 일이 집중투자다. 이때는 위험도가 높은 대신 기대 수익이 크다.

→ 168쪽, 175쪽 참고

상장

주식을 매매 대상으로 삼기 위해 거래소에 일정한 자격이나 조건을 갖춘 거래 물건으로 등록하는 일을 뜻한다. '주식을 상장한다'는 말은 어떤 주식이 거래소의 심사를 통과해, 공개적으로 사고팔 수 있는 주식 중 하나로 등록된다는 뜻이다.

→ 24쪽 참고

자산

개인이나 법인이 소유하고 있는 경제적 가치가 있는 유형·무형의 재산을 말한다. 예금, 미수금, 유가증권, 상품 등 짧은 기간 안에 현금으로 바꿀 수 있는 유동자산과 토지, 공장, 기계 등 생산 활동에 쓰이며 수익의 원천이 되는 고정자산으로 크게 나누고 있다.

→ 50~52쪽 참고

| **주식** | 주주의 출자에 대해 교부하는 유가증권을 말하며, 주식회사의 자본을 구성하는 단위로 흔히 '주'라고 불린다. 다시 말해, 주식은 자본금을 냈다는 사실을 증명하는 문서로, 주주가 주식회사의 출자자로서 회사에 대해 갖는 지분을 뜻한다. |

→ 18쪽, 23쪽 참고

| **주식회사** | 주식을 발행해서 여러 사람으로부터 투자를 받고 그에 비례하여 이익을 배당하는 방식으로 운영되는, 자본과 경영이 분리된 회사를 뜻한다. 주식회사의 주인은 자본금을 낸 투자자이다. |

→ 18쪽, 170쪽 참고

| **주주** | 주식을 가지고 있는 투자자, 곧 주식을 가지고 직접 또는 간접으로 회사 경영에 참여하고 있는 개인이나 법인을 가리킨다. 주주는 보유한 주식의 비율만큼 회사의 경영에 참여할 권리를 가지며, 회사가 이윤을 남기면 그 일부를 나눠 가질 권리가 있다. |

→ 170쪽 참고

| **주주총회** | 주식회사 및 주식합자회사의 주주들이 모여 회사에 대한 의사를 결정하는 최고 기관을 이른다. 이때 각 주주는 하나의 주식에 대하여 하나의 의결권을 지닌다. |

→ 114쪽, 160쪽 참고

| **증권시장(증시)** | 증권의 발행·매매·유통 등이 이루어지는 시장, 곧 주식을 사고파는 시장을 말한다. 좁은 뜻으로는 증권거래소를 가리키는데, 일반적으로는 특정한 장소를 말하는 것이 아니라 거래가 이루어지는 모든 곳이 증시이다. |

→ 26쪽 참고

| **회계** | 개인이나 기업 등의 경제활동 상황을 일정한 계산 방법으로 기록하고 정보화하는 일을 말한다. |

→ 50쪽 참고

| **환율** | 자기 나라 돈과 다른 나라 돈의 교환 비율로, 외국환 시장에서 결정된다. |

☞ **한 걸음 더 원달러환율** 우리나라의 원화와 미국의 달러화의 교환 비율을 뜻한다.

→ 150쪽, 154쪽 참고

가치투자

저평가된 기업의 주식을 가치보다 싼 가격에 매수하여 적정한 가격에 파는 일을 가리킨다. 기업의 내재 가치를 중요하게 생각하면서 주가를 판단한다.

→ 132쪽, 134쪽 참고

개미 투자자

주식시장에서 소규모 개인투자자를 '개미'라고들 일컫는데, 주요 투자처가 어디인지, 자산 규모가 어느 정도인지에 따라 다른 별칭이 붙기도 한다.

☞ 한 걸음 더 **서학 개미** 해외 주식을 많이 사들이는 개인투자자를 일컫는 말.

☞ 한 걸음 더 **동학 개미** 내 주식에 투자하는 개인을 비유적으로 이르는 말.

☞ 한 걸음 더 **슈퍼개미** 주식시장에서 자산 규모가 큰 개인투자자를 이르는 말.

→ 60쪽, 187쪽, 188쪽 참고

곱버스펀드

'곱하기'와 '인버스'의 합성어로, 지수가 하락할 때 2배의 수익을 얻을 수 있는 고위험 상품이다. '인버스의 2배'라고 여기면 된다.

→ 95쪽, 96쪽 참고

공매도

'없는 것을 판다'는 뜻으로 주식을 실제로 가지고 있지 않은 상태에서 신용 거래로 파는 행위를 말한다. 주가 하락에서 생기는 차익금을 노리고 주식을 빌려서 판 뒤, 실제 주가가 하락하면 이 주식을 시장에서 되사서 갚는 방식으로 시세차익을 얻는다.

→ 116쪽, 117쪽 참고

공모펀드

50인 이상의 불특정 다수의 투자자에게서 공개로 자금을 모아 주식과 채권 등에 투자하여 운용하는 펀드를 말한다.

→ 108쪽 참고

국채

국가가 자금을 만들어 이용하는 경제활동에 따라 국가의 신용으로 빌리는 금전상의 채무 또는 그것을 표시하는 채권을 뜻한다. 정부가 공공 목적을 달성하기 위하여 발행하는 채권으로 신용도

가 가장 높다. 상환 기한에 따라 1년 이내의 단기국채와 1년 이상
의 장기국채로 구분되며 모집 장소에 따라 내국채와 외국채로 구
분된다.
→ 19쪽, 67쪽, 150쪽 참고

금융투자소득세　소득세의 한 종류로, 주식·채권·펀드·파생상품 등 금융투자와 관
련해 발생한 소득에 대해 과세할 예정이었던 세금 제도다. 흔히
줄여서 '금투세'라고 부른다. 우라나라에서 2023년에 시행될 예
정이었으나 수많은 주식 투자자의 강력한 반대 목소리에 2024년
12월 10일 국회에서 금융투자소득세 폐지를 위한 소득세법 일부
개정법률안이 통과되어 폐지되었다.
→ 183쪽 참고

**달러 코스트
애버리지**　증권투자를 할 때 가격 등락을 불문하고 일정 간격을 두고 일정액
을 특정 증권이나 포트폴리오에 계속 투자하는, 정기 정액 적립
식 투자법을 말한다. 미국에서는 일반적으로 '달러 코스트 애버리
징'이라 한다.
→ 164쪽, 166쪽 참고

롱쇼트 전략　매수와 매도를 동시에 취하는 투자 전략을 말한다. 장기적으로는
주식시장에서 저평가된 주식을 사고, 단기적으로는 고평가된 주
식을 파는 기법을 조합한 전략이다.
→ 120쪽 참고

모멘텀투자　기업의 성장률, 가치 등과 상관없이, 장세의 상승 또는 하락에 대
해 기술적으로 분석하거나 시장 분위기의 변화에 따라 추격 매매
를 하는 투자 방식을 말한다. 주식가격의 추세, 시장의 방향성을
중요시한다.
→ 132쪽, 134쪽 참고

벌처펀드　파산한 기업이나 자금난에 부딪쳐 경영 위기에 처한 기업을 싼값
에 인수하여 경영을 정상화시킨 뒤 비싼 값으로 되팔아 단기간에
고수익을 올리는 기금을 말한다.
→ 111쪽 참고

빅스텝　중앙은행이 기준금리를 0.5% 인상하거나 인하하는 일을 말한다.

☞ 한 걸음 더 **베이비스텝** 중앙은행이 기준금리를 0.25% 인상하

거나 인하하는 일.

☞ 한 걸음 더 **자이언트스텝** 중앙은행이 기준금리를 0.75% 인상
하거나 인하하는 일.
→ 42쪽, 46쪽, 48쪽, 57쪽 참고

사모펀드

소수의 투자자에게서 비공개로 자금을 모아 주식과 채권 등에 투
자하여 운용하는 펀드다. 주로 공개시장에서 거래되지 않는 비공
개 회사의 주식에 투자하는 펀드를 가리킨다.
108쪽, 109쪽 참고

상호출자

둘 이상의 회사에서 서로의 주식에 투자하여 상대 회사의 주식을
보유하는 일을 가리킨다.
→ 171쪽 참고

선물

장래의 일정한 시기에 현품을 넘겨준다는 조건으로 매매계약을
하는 거래 종목을 말한다.
→ 71쪽 참고

손절매

앞으로 주가가 더욱 하락할 것으로 예상하여, 가지고 있는 주식을
매입 가격 이하로 손해를 감수하고 파는 일을 말한다.
→ 130쪽, 135쪽 참고

순환출자

재벌 그룹, 곧 여러 개의 기업이나 계열사를 거느리며 막강한 재
력과 거대한 자본을 가지고 있는 이른바 대기업이 계열사를 늘리
기 위하여 사용하는 변칙적인 출자 방법이다. 예를 들어 세 개 이
상의 계열사가 서로 연쇄적으로 출자하여 자본금을 늘려 나가는
경우 등을 가리킨다.
→ 172쪽 참고

시티오브런던

영국의 수도인 런던에서 특히 금융의 중심지를 이르는 말. 동서로
는 런던 타워에서 세인트폴성당까지, 남북으로는 템스강에서 런
던 월까지의 지역으로, 국제적 자본시장, 상품 시장, 보험 시장 및
금융시장이 집중적으로 형성되어 있어서 신속한 커뮤니케이션,
다양한 서비스, 신속한 거래가 이루어진다.
→ 18쪽 참고

신용점수

개인의 신용 상태를 1~1,000점까지의 수치로 환산하여 부여한

점수다. 신용등급을 대체하기 위하여 2019년에 일부 은행에서 시범적으로 도입되었으며, 2021년에 전 금융권으로 확대되었다.

☞ **한 걸음 더** **신용 불량자** 은행이나 신용카드사에서 돈을 빌린 후 정해진 기한 내에 갚지 못하여 각종 금융거래를 할 수 없도록 제재를 받는 사람을 가리킨다. 이 용어가 차별 용어로 인식되어 '금융 채무 연체자', '금융 채무 불이행자'라는 용어 사용이 권장되기도 한다.
→ 36쪽, 37쪽 참고

월스트리트   미국 뉴욕시 맨해튼섬 남쪽 끝에 있는 지역이다. 연방준비은행, 뉴욕증권거래소를 비롯한 거대 금융사들이 몰려 있어서 미국 금융시장의 중심지이자 세계 금융시장의 핵심 지역으로 여겨진다.
→ 14쪽, 19쪽 참고

이표채   액면가격으로 채권을 발행하고 일정 기간마다 이자를 지급하며 만기에 원금을 상환하는 채권이다. 표면 이율에 따라 한 해 동안 지급해야 하는 이자를 일정 기간에 나누어 지급하는데, 일반적으로 채권의 아래쪽에 첨부된 쿠폰을 사채권자가 이자를 지급할 때에 떼어서 상환함으로써 이자를 지급한다. '쿠폰채'라고도 한다.
→ 64쪽, 66쪽 참고

인덱스펀드   펀드매니저의 개인적인 판단보다는 미리 정해 둔 매매 규칙을 우선적으로 고려하여 운용하는 자금인 '시스템펀드'의 일종이다. 특정 지수를 목표 주가로 정한 다음에 각 지수에 편입된 주식의 비중만큼 주식을 매입한 후 보유하는 전략을 사용하는 펀드로, 펀드의 수익이 지수의 변화를 따라가도록 운용한다.
→ 93쪽, 140쪽 참고

인버스펀드   선물 등의 파생금융상품을 활용하여 주가지수가 하락할 때 반대로 수익을 낼 수 있도록 설계된 금융 상품을 가리키며, '리버스펀드'라고도 한다. 인버스펀드는 일반적으로 지수가 상승해야 이익을 얻는 방식과 반대 방식으로, 코로나바이러스 발생과 같은 큰 이슈가 생겼을 때 주가 하락이 예측된다면 인버스에 투자해 이익을 얻을 수 있다.
→ 95쪽 참고

자산유동화   대출금이나 부동산 따위의 자산을 담보로 채권을 발행하여 현금화함으로써 자금 유동성을 확보하는 일을 말한다.
→ 99쪽 참고

자산유동화증권
(ABS)

자산을 근거로 하여 발행하는 증권으로, 1998년 9월 '자산유동화에 관한 법률'이 만들어지면서 '자산 담보부 증권'이라고 쓰던 말에서 변경된 것이다.
→ 102쪽 참고

전자증권

증권예탁원에서 관리하는 전산 시스템 내의 데이터로만 보관하거나 관리하는 증권을 가리킨다. 자본시장의 증권을 실물증권으로 발행하지 않고 증권상의 권리를 전자 등록부에 기재함으로써 증권에 대한 권리가 인정되고 권리 행사가 가능하다. 반대 개념인 '실물증권'은 권리의 발생 일시와 액수 등의 내용을 실물인 종이에 문자로 기록한 증권이다.
→ 63쪽 참고

주택저당증권
(MBS)

부동산 담보대출 금융기관이 부동산 대출 기간의 장기화에 따른 유동성의 제약을 완화하기 위하여 이를 담보로 발행한 유가증권을 가리킨다.
→ 102쪽 참고

지주회사

다른 회사의 주식을 보유함으로써 그 회사를 독점적으로 지배하는 회사를 말한다. 지배하는 회사를 모회사(母會社), 지배를 받는 회사를 자회사(子會社)라고 한다.
→ 173쪽 참고

채권

국가, 지방자치단체, 은행, 회사 등이 사업에 필요한 돈을 꾸기 위하여 발행하는 유가증권을 말한다. 국가, 공공기관, 금융기관 또는 상법상 주식회사 형태를 가진 기업이 널리 일반 대중으로부터 일시에 대량의 자금을 조달하기 위해 발행한다. 그리고 그 반대급부로 조달 원금의 상환과 이자 지급 등의 조건을 명확히 표시하여 발행하는 일종의 차용증서이다. 채권 발행자는 채무자가 되고, 채권을 보유하는 투자자는 채권자, 채권은 차용증서에 해당한다.
→ 62쪽 참고

총자산이익률
(ROA)

금융기관의 당기순이익을 총자산으로 나누어 얻어지는 수치. 특정 금융기관이 총자산을 얼마나 효율적으로 운용했느냐를 나타내는 지표로, 금융기관이 보유 자산을 대출이나 유가증권 등에 운용해 실질적으로 얼마만큼의 순익을 창출했는지를 나타낸다.

→ 54쪽 참고

코스닥시장	우리나라의 장외 증권시장으로, 코스피시장에 상장하기 어려운 벤처기업이나 유망 중소기업 등이 상장되어 있는 증시를 이른다. 규모는 작지만 성장 가능성이 높은 기업이 몰려 있다.

→ 27쪽 참고

코스닥지수 코스닥시장에서 상장 기업의 주가에 주식 수를 가중한 시가총액 지수다. 1996년 7월 1일을 기준치 1,000으로 하고 있으며, 1997년 1월 3일부터 실시간으로 산출·발표되고 있다.

→ 28쪽 참고

코스피시장 한국거래소에 상장된 회사들의 유가증권이 유통되는 시장으로, 우리나라를 대표하는 간판 기업의 주식이 대부분 상장되어 있는 증시를 가리킨다. 상장 심사를 할 때 이익 규모나 종업원 숫자, 부채 규모 등을 까다롭게 점검한다.

→ 26쪽 참고

코스피지수 한국거래소에 상장된 기업들의 주가 변동을 기준 시점과 비교하고, 각 기업이 발행한 주식 수에 따라 비중을 다르게 해 평균을 낸 지수를 말한다. 종합주가지수라고도 한다.

→ 28쪽, 90쪽 참고

파생금융상품 예금·외환·주식·채권 따위의 금융 자산을 기초로 하여, 금융 상품의 가격 변동을 예상하여 만든 상품. 선물, 선물환, 옵션, 스와프 등이 대표적이다.

→ 76쪽 참고

펀드 다수의 고객으로부터 자금을 모아서 대규모의 공동 기금을 형성하여 전문적인 운용기관이 주식, 채권 등에 투자하고 그에 따른 성과를 고객에게 분배하는 간접투자상품을 말한다.

☞ **한 걸음 더** **펀드매니저** 투자고문회사, 투자신탁회사, 신탁은행 등에서 고객의 위탁 자산 등을 주식이나 채권, 단기 금융 상품에 투자하는 전문가를 가리킨다. 주가, 금리, 환시세의 동향을 살펴 운용 이익을 높이는 역할을 한다.

→ 77쪽, 80쪽 참고

포트폴리오

원래는 서류 가방, 자료 수집철이라는 뜻이었으나 증권 투자에서는 투자 자산의 집합이라는 의미로 사용되고 있다. 특히 주식 투자에서 다수 종목에 분산투자 함으로써 위험을 회피하고, 투자 수익을 극대화하는 방법을 이른다.
→ 89쪽 참고

프로그램매매

증권시장에서, 시세의 변동에 따라 자동적으로 주문하도록 되어 있는, 컴퓨터 프로그램을 통하여 이루어지는 거래를 가리킨다.
→ 139쪽 참고

한국거래소

우리나라의 자본시장을 주도하는 한국증권거래소와 코스닥한국선물거래소, 코스닥위원회를 합병한 통합 거래소로, 증권, 파생상품 등의 거래 및 시장 관리 업무를 담당한다. 한국증권선물거래소법에 따라 2005년 1월 27일 출범하였다.
→ 25쪽 참고

헤지펀드

단기간에 고수익을 추구하는 민간 투자신탁이다. 투자 위험도가 높으며, 투자 지역이나 투자 대상 등에 대하여 당국의 규제를 받지 않는다.
→ 110쪽, 120쪽 참고

회사채

주식회사가 일반 사람들에게 채권이라는 유가증권을 발행하여 사업에 필요한 자금을 조달하는 방법이다. 증권을 발행하는 형식에 따라 원금의 상환 기한과 이자의 지불 등이 약속되며 무담보사채와 담보사채, 무기명사채와 기명사채로 분류된다.
→ 67쪽 참고

나의 첫 금융 공부

코스피부터 기준금리까지, 자본주의에서 살아남는 실전 경제 지식

1판 1쇄 발행일 2025년 8월 14일

지은이 이완배
펴낸이 권준구 | 펴낸곳 (주)지학사
편집장 김지영 | 편집 공승현 명준성 원동민
책임편집 공승현 | 교정교열 김정아
표지 디자인 스튜디오 진진 | 본문 디자인 이혜리 | 일러스트 노이신
마케팅 송성만 손정빈 윤술옥 이채영 | 제작 김현정 이진형 강석준 오지형
등록 2017년 2월 9일(제2017-000034호) | 주소 서울시 마포구 신촌로6길 5
전화 02.330.5265 | 팩스 02.3141.4488 | 이메일 booktrigger@naver.com
홈페이지 www.jihak.co.kr/book-trigger | 블로그 blog.naver.com/booktrigger
페이스북 www.facebook.com/booktrigger | 인스타그램 @booktrigger

ISBN 979-11-93378-51-9 43320

북트리거

트리거(trigger)는 '방아쇠, 계기, 유인, 자극'을 뜻합니다.
북트리거는 나와 사물, 이웃과 세상을 바라보는 시선에 신선한 자극을 주는 책을 펴냅니다.